나는 집에서 일하고
4000만 원 번다

나는 집에서 일하고
4000만 원 번다

초판 1쇄 인쇄 2017년 2월 20일
초판 1쇄 발행 2017년 2월 27일

지은이 유영숙
펴낸이 백유미

Publishing Dept.
CP 조영석 | **Chief editor** 박혜연 | **Editor** 이주영 조지영
Marketing 이원모 조아란 | **Design** 문예진 엄재선

Education Dept.
Chief Creator 김주영

Management Dept.
Manager 박은정 임미현 윤민정

펴낸곳 라온북
주소 서울시 서초구 효령로 34길 4, 프린스효령빌딩 5F

등록 2009년 12월 1일 제 385-2009-000044호
전화 070-7600-8230 | **팩스** 070-4754-2473
이메일 raonbook@raonbook.co.kr | **홈페이지** www.raonbook.co.kr

값 13,800원
ISBN 979-11-5532-265-9 (13320)

이 도서의 국립중앙도서관 출판시도서목록(CIP)은 서지정보유통지원시스템 홈페이지(http://seoji.
nl.go.kr)와 국가자료공동목록시스템(http://www.nl.go.kr/kolisnet)에서 이용하실 수 있습니다.
(CIP제어번호 : CIP2017003824)

라온북은 독자 여러분의 다양한 아이디어와 원고 투고를 설레는 마음으로 기다리고
있습니다. 머뭇거리지 말고 두드리세요.

보내실 곳 raonbook@raonbook.co.kr

5년 만에 서울에 내 집 마련한 워킹맘의 재택근무 실전 노하우

나는 집에서 일하고
4000 만원
번다

유영숙 지음

라온북

아이의 행복을 위해 일을 시작했다

"엄마! 하늘에서 천사가 내려와요!"

이른 봄날 오후 유치원 버스에서 내린 작은아이의 손을 잡고 집으로 들어가는 길이었다. 아이가 가리키는 방향을 따라 올려다 본 하늘에는 쭉쭉 뻗어 있는 나뭇가지들 사이로 하얀 목련 꽃이 흐드러지게 피어 있었다. 그 모습을 보면서 천사들이 내려온다고 소리를 지르는 아이의 상기된 표정이 천사처럼 귀여웠다. 만약 내가 회사를 다니고 있었다면 이런 소소하지만 가슴 뭉클한 순간을 아이와 함께 마주할 수 있었을까?

재택근무를 시작하게 된 가장 큰 이유는 바로 육아였다. 한창 손이 많이 가는 9살, 7살 아들 둘을 두고 밖에서 일을 한다는 건 엄두가 나지 않았기 때문에 집에서 할 수 있는 일거리를 찾아야 했다. 주변에 있는 워킹맘들을 살펴보면 퇴근시간에 맞춰 아이들을 학원으로 돌리느라 엄마도 아이도 힘겨워하는 게 보였다. 재택근무를 하면 엄마가 항상 아이들의 상태를 점검하며 보살필 수 있기 때문에 아이와 엄마 모두 행복할 수 있다.

재택근무를 선택한 또 다른 이유는 경제적 자립과 자아실현이다. IMF 때, 남편 월급으로만 생계를 유지해야 했기에 유치원비를 내는 달이면 마이너스 대출을 받아야 했다. 피아노를 가르치고 싶어도 가계부가 온통 적자라 학원을 보낼 수 없었다. 경제적으로 힘에 부치니 자신이 초라하고 한심하여 화가 났다. 그렇다고 돈이 급하다 하여 나와 맞지 않는 일을 억지로 해봤자 오래 견디지 못할 게 뻔했다.

그래서 집에서 아이를 돌볼 수 있고, 보람과 긍지를 얻을 수 있으며 돈까지 벌 수 있는 일을 하고 싶었다. 인터넷에 일자리를 열심히 검색하다 '이거다!' 하고 찾은 것이 바로 인터넷으로 학습을 관리하는 일이었다.

처음 일을 시작할 때는 아직 재택근무가 보편화되지 않은 시절이었다. 그리고 재택근무로 할 수 있는 일 또한 많이 알려지지 않아, 집에서 일을 한다고 하면 부업 정도로 생각했다. 남편조차 내가 회사가 아닌 집에서 일을 한단 이유로 육아와 살림까지 도맡아 해야 한다고 생각했다. 재택근무 초반 7개월 동안 굉장히 힘들었다. 제대로 시간을 관리하지 않으면 일도, 육아도, 살림도 모두 뒤죽박죽이었다. 남편과 많이 싸우기도 하고, 아이들도 오히려 제대로 챙겨주지 못해 일타삼피는커녕 두 마리 토끼를 잡으려다 모두 놓치는 상황이었다.

일을 그만두어야 할까 고민하던 어느 날 회원 관리를 위해 쪽지함을 열었는데 학부모에게서 도착한 쪽지가 있었다. 학부모가 쪽지를 보내는 일은 드물어 궁금한 마음에 열었더니 뜻밖의 내용이 들어 있었다. 전남 완도에서 미역, 굴 등 해산물을 채취하며 아들을 키우는 분이었다. 바쁘게 생활하느라 아이 공부에 제대로 신경을 써주지 못했는데, 공부를 재미나게 알려주고 챙겨주어서 감사하다며 직접 채취한 완도산 미역을 보내주고 싶으니 꼭 주소를 알려달라 하셨다.

내가 맡았던 그 아이는 기초가 많이 부족해 공부에 재미를 느끼지 못했다. 그래서 예습보다는 복습 위주로 공부를 시켰다. 그리고 흥미를 유발하기 위해 매일 미션을 주고 완수하면 좋아하는 아바타의 아이템을 선물로 보내주기도 했다. 무료체험에서 정회원으로 등록을 하고 나서도 지도교사를 바로 배정을 하지 않고 매일 학습을 점검해 주고 칭찬을 많이 해주고 제대로 학습습관이 잡힐 때 챙겨주었다. 나는 그저 나의 일을 한 것뿐이었다. 그러나 나의 일이 누군가에게는 정말 필요하고 감사한 일이었던 것이다. 그때 나는 다짐했다.

'그래, 지금 당장 정리가 안 되고, 남편이 나를 인정해주지 않

아도 서운해하지 말자. 우선 자신감을 가질 수 있도록 노력하다 보면 좋은 일이 생기지 않을까.'

그렇게 마음을 다잡고 시간을 관리하기 시작했다. 13년이 흐른 지금, 나는 재택근무로 얻을 수 있는 혜택 세 가지를 모두 누릴 수 있게 되었다. 하늘에서 천사가 내려왔다고 환호성을 질렀던 작은아이는 이제 의젓한 대학생이 되었다. 교사로 시작해 우수교사가 되고 강사가 되고 관리자가 되면서 재택근무 실무서가 있으면 좋겠다는 생각을 했다. 따라서 시행착오를 조금이라도 피해 갈 수 있는 방법과 재택근무자로 성공하기 위해 어떤 준비와 노력이 필요한지 알려주기 위해 이 책을 펴냈다.

재택근무를 시작하고 나는 새로운 성공을 맛보았다. 이 책을 통해 일과 가정 사이에서 고생하는 많은 워킹맘과 경제 문제로 고민 중인 주부들이 새로운 돌파구를 찾기를 바란다. 현재 재택근무를 하고 있으나, 제대로 관리가 되지 않아 혼란스러운 분들에게도 이 책을 추천한다. 더 이상 가정에 속박되어 커리어와 경제력을 모두 잃는 엄마들이 없길 바란다.

오늘도 가족과 함께 내일을 꿈꾸며
저자 유영숙

2장
재택근무 이렇게 시작하라

3장
재택근무 처음 1년이 중요하다

6장 재택근무자를 위한 가정 관리 노하우

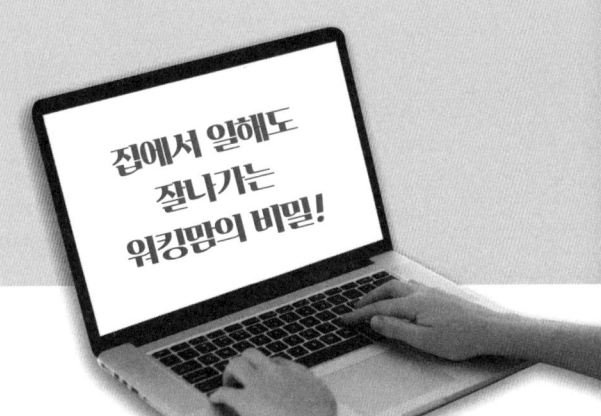

집에서 일해도
잘나가는
워킹맘의 비밀!

1장

왜 재택근무를
시작하지 않는가?

재택근무는 대한민국 엄마들에게 최적화된 근무형태다.
커리어우먼, 돈 잘 버는 아내, 간식 챙겨주는 엄마로서
자부심이 높아지면 가정의 행복지수는 절로 높아진다.

재택근무로
가정과 일 모두 잡아라

● ● ●

　선진국 중심으로 재택근무 제도가 점점 확산되고 있다. 재택
근무란 주요 업무 시간에만 회사에 나가 일을 보고 대부분 집
에서 일하기 때문에 가사 및 육아에 도움이 되는 제도다. 일본
의 경우 재택근무 제도가 더욱 빠르게 확산되는 추세다. 일본
의 대기업 토요타, 혼다, 시미즈건설 등은 오래전부터 재택근무
제도를 시행하고 있다. 가장 큰 목적은 저출산, 고령화 추세에
대응하여 유능한 인재를 확보하는 것이다. 개인 특성을 고려한
근무 형태로 회사를 떠나려는 인재를 지키고, 젊고 유능한 인
재를 지속해서 수혈하기 위한 선택이다.

　이러한 흐름에도 한국에서 재택근무는 아직 낯설고 불안한

제도이다. 집에서 근무를 하다 보니 '잠옷 입고 하는 일'이라며 부정적으로 바라보는 시선도 많다. 하지만 재택근무 시행으로 부정적인 결과보다는 긍정적인 결과를 더 많이 얻고 있기 때문에, 재택근무 제도화는 점점 가속화될 것이다.

중국 온라인 여행사 씨트립(Ctrip)은 직원 절반에게 9개월간 재택근무를 할 수 있는 기회를 주어 비용과 이직률을 낮출 수 있는지 알아보기로 했다. 결과는 놀라웠다. 재택근무자들의 업무 성과가 떨어지지 않을까 우려했던 것과 달리 노동생산성은 13%나 향상되었다. 사무실에서 근무할 때보다 휴가와 병가를 덜 내고 하루에 일하는 시간이 더 길었다. 또한, 사무실에서 근무한 직원보다 퇴사 인원도 절반이었다. 집에서 근무함으로써 직장에 대한 만족도가 더 커지고 스트레스를 덜 받았기 때문이다. 직원이 재택근무를 할 경우 사무실 공간 확보와 임대료 등 비용도 절감되므로 시스템만 잘 갖춰진다면 재택근무는 개인과 기업 모두가 만족할 수 있는 근무 형태이다.

재택근무를 통해 육아 문제가 해결이 되면, 현재 급격히 떨어지고 있는 인구 수 증가에도 도움이 될 수 있다. 현재 우리나라의 출산율은 세계 220위에 머물고 있다. 결혼적령기의 여성들이 결혼과 출산을 기피하는 가장 큰 이유는 육아 때문이다. 직장 여성들이 결혼이나 임신을 하게 되면, 일을 그만두지 않고서는 제대로 가정을 꾸릴 수가 없는 것이 우리나라 기업 문화의 현실이다. 임신을 하면 축하를 받는 게 아니라 눈치를 받으니 결혼도 점점 늦어지고, 결혼을 하더라도 아이를 낳지 않는 부부들이 늘어나고 있다. 재택근무는 이런 고학력 전문 여성들이 일을 놓지 않고도 아이를 낳고 기를 수 있도록 해주는 근무 형태다.

20, 30대의 젊고 유능한 직장 여성들이 결혼과 출산 때문에 경력이 단절되지 않도록 기업에서 유연근무제나 원격근무제, 재택근무제를 점점 늘려가고 있다. 그러나 그런 기회를 얻지 못하고 이미 경력이 단절된 여성들은 어떻게 일할 수 있을까?

컴퓨터를 활용한 교육, 금융, IT 등의 분야에서 경력단절 여성을 대상으로 시행 중인 재택근무가 존재한다. 이런 재택근무 형태는 이미 경력단절 가정주부를 대상으로 진행되고 있다.

미국 CNBC는 재택 일자리를 전문적으로 연결해주는 미국의 웹사이트 플렉스잡스(FlexJobs)를 참고하여 지난 한 해 쏟아진 일자리 10만 개 가운데 유동적으로 근무시간 조정이 가능하거나 원격으로 근무가 가능하거나 프리랜서직 고용이 20% 이상 늘어난 특정 산업 5개를 공개했다.

첫째, 부동산 중개업이다. 앞으로 이 업계는 현재 중개업자들이 행하고 있는 기존의 방식으로는 불가능하게 될지 모른다. 그러나 중개업자들은 여전히 계속 필요하기에 미국 최대 부동산 정보사이트인 '질로(Zillow)' 같은 회사들의 경우 최근 재택직을 확대하고 있다.

둘째, 인력 관리나 채용·구직 산업이다. 인력 관리나 리쿠르팅 업계라고 해서 반드시 대면 업무만 요구하는 것은 아니다. 글로벌 인사·채용컨설팅 기업 에이온휴잇(Aon Hewitt), 제록스 (Xerox) 등과 같은 기업 역시 최근 인사 채용 분야에서 재택직 모집을 계속해왔다. 채용 정보를 온라인 등에 올리는 직원들이나 인사 전문가, 인사 관리자 등이 이 분야 재택직에 해당한다.

셋째, 회계·금융 산업이다. 웰스파고나 얼리 파이낸셜, 시티 (Citi) 등 대형 금융 서비스 업체도 회계나 금융 분야에서 재택 원격 근무 채용을 확대하고 있다. 회계사, 회계장부담당자, 감사관 등이 여기에 포함된다.

넷째, 제약 업계 산업이다. 성장산업 가운데 하나인 제약 업계는 최근 원격 재택 업무나 유동적인 근무시간에 따라 업무를 수행할 직원들을 모집 중이다.

마지막으로, 교육·훈련 분야이다. 가르치는 행위가 학교 교실에서만 이루어지는 것은 아니다. K12, 카플란 등 미국 교육 업체들 역시 재택근무를 확대하고 있다. 온라인 강의 강사, 시간강사, 가상 교사 등 여기에 해당한다.

나는 이 다섯 가지 분야 중에서 교육·훈련 분야에 대해 이야기하고자 한다.

우리나라의 컴퓨터 보급률과 인터넷 서비스 분야는 세계 최고다. 또한 교육열 또한 세계 최고를 자랑한다. 이러한 흐름에 발맞춰서 온라인학습 분야는 계속 성장세를 보이고 있다. 자녀가 유아, 초등학생이라면 일하면서 교육에 대한 정보를 계속 받을 수 있기 때문에 자녀교육에도 도움이 되는 일석이조의 효과를 볼 수 있다.

유망 직업으로 떠오르고 있는 사이처(Cyber+Teacher의 합성어)는 온라인학습을 도와주는 학습 매니저이다. 학습 분야 전반에 걸쳐 온라인상에서 선생님 역할을 하고 있다.

집에서 교육업체의 프로그램이나 교재를 받아서 공부방, 논술방 등을 운영하는 것도 일종의 재택근무이다. 금융권에서도 주부를 대상으로 재택근무를 점점 넓혀가고 있다. 보험회사의 대출 업무 상담이나 사고 접수 등은 회사에 출근하지 않고 컴퓨터와 관련 프로그램만 갖춰져 있으면 업무가 가능하기 때문이다.

'재택'이라는 키워드로 검색을 하면 매일 두 시간만 투자하면 수백만 원을 벌 수 있다며 유혹하는 아르바이트들이 많다. 대부분 초기 투자비용이 들어간다거나 문어발식으로 소개해야 수익이 창출되는 곳들이 많이 있으니 신중하게 선택해야 한다.

　재택근무를 선택할 때에는 내가 일하는 회사가 믿을 만한 곳인지 따져봐야 한다. 그리고 내가 선택한 일이 자녀에게 자랑스럽고 미래지향적이며 누구에게나 명함을 돌릴 수 있는 일인지 생각해보고 선택해야 한다. 그래야 내가 하는 일에 비전을 갖고 장기 계획을 세울 수 있다.

100세 시대,
오래 할 수 있는 일을 찾아라

● ● ●

불과 10여 년 전만 해도 우리나라 사람의 평균수명은 64~66세였다. 그러나 국가통계포털에 따르면 2011년 기준 남자는 77세, 여자는 84세로 평균수명이 늘어났다. 현재 30~40대의 평균수명은 90~100세 정도 될 것이라고 한다.

100세 시대, 나는 무엇을 준비하고 있는가? 정년퇴직이 55세에서 60세로 늘었다고 하더라도 일부 기업에 국한되어 있는 게 현실이다. 만약 60세까지 회사를 다닐 수 있다 해도 30년 이상을 돈을 벌지 못하고 생을 살아야 한다. 그러나 준비가 너무 미흡하다.

이데일리에서 직장인을 대상으로 진행한 노후대비 관련 설문

조사에 따르면 직장인 10명 중 5명은 현재 은퇴를 대비해 준비하고 있다고 답했다. 또한 이상적인 노후생활을 위해서는 평균적으로 6억 1천여만 원이 필요하다고 답했다. 그러나 '은퇴를 고려하는 나이에 원하는 노후자금이 마련될 수 있는가?'라는 질문에 68.3%가 '불가능하다'고 답했다. 직장인이 생각하고 있는 희망과 현실에는 괴리가 있다는 걸 알 수 있다.

부부가 함께 맞벌이를 하지 않으면 살아갈 수 없는 세상이다. 외벌이로 100세 시대를 준비하기엔 현실적으로 힘든 부분이 많기 때문이다. 요즘 자주 교체해줘야 하는 형광등 대신에 수명도 오래가면서 눈에 피로가 덜하고 밝기는 서너 배가 높은 LED등이 대세다. 시대에 맞춘 노후설계 'LED 전략'은 다음과 같다.

수명은 길고 유지비용은 적은 'LED 전략'
L : Long Work, 많이 버는 것보다 오래 일하는 것
E : Early Start, 노후준비 및 은퇴설계를 빨리 하기
D : Double Income, 맞벌이는 필수!

100세 시대에선 오랫동안 일을 하는 것이 돈을 많이 버는 것보다 더 행복지수가 높다. 또한 부부가 맞벌이를 한다면 노후준

비와 은퇴설계를 빨리 시작할 수 있다. 대구에서 시부모님을 모시고 사는 온라인학습 상담교사인 A교사는 올해 큰딸의 결혼식을 마음 뿌듯하게 치렀다. 50대에 교사로 업무를 시작하면서 늦은 나이에 잘할 수 있을지 걱정이 많으셨는데, 자신보다 어린 회원 엄마들에게 본인의 자녀양육법도 알려주면서 항상 웃으며 즐겁게 일을 하신다. 그 비결을 물으니 이렇게 답하신다.

"이 나이에 일을 한다는 게 즐겁고 행복해요. 막내가 초등학생인데 일하는 엄마 모습을 보여주니 교육에 도움도 되고, 노력한 만큼 생활비에 보탬도 되고요. 힘들다 생각하면 힘든 거고 감사하다 생각하면 감사할 부분만 보이는 것 같아요."

몸이 불편하신 시어머님의 병수발과 집안 살림을 도맡아 하면서도 재택근무 시간을 최대한 활용해 노후를 준비하고 계신 A교사는 오늘도 목소리에 활기가 넘치고 얼굴에서 웃음이 떠나지를 않는다.

경력단절 전업주부가 다시 원래의 직장으로 복직을 하는 것은 사실 불가능하다. 스펙 좋고 능력 좋은 20대들도 취업이 되지 않으니 10년 이상이나 공백이 있는 이들에겐 더 힘들다. 100세 시대니, 노후자금이니 계속 떠들어대는데 남편 월급으로는 아이들 교육비를 충당하기에도 빠듯한 게 현실이다. 그렇다고 한창 엄마 손이 필요한 아이들을 두고 일을 하자니 불안하고 마땅히 일을 할 만한 곳도 없다.

　재택근무는 그런 가정주부가 선택하기에 최상의 조건을 가지고 있다. 집에서 근무하면서 아이들 간식도 챙겨주고 준비물도 챙겨줄 수 있다. 더불어 열심히 일한 만큼 보수도 월급으로 받을 수 있다.

　13년 동안 재택근무를 하면서 가장 좋았던 것은 아이들이 학교에 돌아왔을 때 엄마가 반겨줄 수 있다는 점이다. 시간활용만 잘하면 아이들과 충분한 대화를 나눌 수 있고 학원 준비까지 도와줄 수 있기 때문에 아이들도 좋아한다. 직업인으로서의 자부심과 가족 행복지수를 올릴 수 있는 일이다.

남편 월급만으로
학원비까지는 무리다

●　●　●

　집에서 아이들을 돌보며 지내던 시절, 주부들 대상으로 무료로 컴퓨터를 가르쳐주는 강좌를 들은 적이 있다. 그때 나는 처음으로 인터넷을 통해 이메일을 주고받는 방법과 내가 원하는 각종 정보를 검색하여 찾아보는 방법을 알게 되었다.

　혹시 집에서 일하면서 돈을 버는 방법은 없을까? 궁금해져 검색해보았다. 그때 당시, 남편 월급으로 두 아들 유치원비를 내는 달이면 늘 마이너스 대출을 받아야 했다. 경제적으로 많이 부족했지만 아이들이 어려 출퇴근하는 직장을 다닐 수도 없었다. 집에서 일하면서 육아도 가능한 일이 없을까 인터넷에 검색을 해보았고 온라인학습 교사라는 직업을 알게 되었다.

고민 끝에 '와이즈캠프'라는 학습 사이트에 지원을 하기로 결정했다. 이 회사가 마음에 든 가장 큰 이유는 초등학생 자녀를 둔 엄마이다 보니 앞으로 교육정보를 많이 얻을 수 있을 것 같았기 때문이다. 또한, 누구에게나 자신 있게 소개할 수 있는 직업이어야 했고 아이들 입장에서 떳떳한 엄마의 모습을 보이고 싶었다. 그렇게 나는 와이즈캠프에 입사하였다.

하지만 현실은 녹록지 않았다. 남편은 내가 집에서 일을 하니 예전처럼 육아도 집안일도 다 해주기를 바랐다. 하지만 회사에서 원하는 근무시간은 꼭 지켜야 했으므로, 집에서 일을 했지만 자유롭게 시간을 관리할 수가 없었다.

안 그래도 작게 태어난 두 아들은 엄마가 정신없이 일하느라 밥을 잘 챙겨주지 못해 더 말라갔다. 그리고 엄마의 시야에서 벗어나니 마음 편히 집안을 어질러놓기 일쑤였다. 퇴근하고 돌아온 남편은 아이들이 저녁도 제대로 챙겨 먹지 못한데다 집안이 난장판으로 어질러져 있는 모습을 보며 기함했다.

예전엔 아빠가 돌아오면 엘리베이터 소리에 맞춰 현관 앞에서 환호성을 지르면서 맞이했는데, 마누라는 컴퓨터 앞에서 떠날 줄 모르고 아는 척도 하지 않으니 집에 일찍 들어오고 싶은 마음이 생기지 않는다고 했다. 남편과 다투는 날이 많아졌다. 얼마나 번다고 아이들을 방치하느냐고 하면, 나만 잘 먹고 잘살

려고 일하느냐고 맞받아쳤다. 나는 결정을 해야 했다.

예전처럼 돌아가서, 남편 월급을 아끼고 절약하면서 아등바등 살 것인가?
지금 이 일을 유지하며 가족과 함께 행복할 것인가?

예전으로 돌아가고 싶지 않았다. 처음은 누구나 서툴고 힘든 것이다. 나는 마음을 다잡고 집안일과 업무를 분리하여 시간관리를 하기 시작했다. 점점 체계가 잡히기 시작하자 남편과의 다툼도 잦아들었고 아이들도 더욱 안정을 찾기 시작했다. 그렇게 재택근무를 한 지 벌써 13년째다. 큰아들이 초등학교 2학년이던 때 시작했는데 지금 큰아들이 대학교 2학년이다.

자녀 때문에 시작한 재택근무를 결국 자녀 때문에 그만둔다고들 한다. 안타까운 것은 재택근무라는 업무환경이 좋아 시작했는데 조금만 힘든 상황이 닥치면 제대로 해보려는 의지도 없이 너무 쉽게 판단을 내린다. 재택근무를 시작했다는 것은 그만큼 아이를 사랑하는 마음이 크다는 증거다. 재택근무를 시작한 이유가 분명하다면 해결점을 찾아 가보자.

아이에게 무슨 일이 생겨도 언제든 달려갈 수 있다

• • •

재택근무의 장점 중에서 가장 큰 장점은 아이들이 필요할 때 옆에 있어줄 수 있다는 점이다. 학교 수업을 마치고 집으로 왔을 때 엄마 품에 안겨 환히 웃는 아이의 얼굴을 상상해보자. 그리고 간식을 먹으며 학교에서 있었던 일을 이야기하는 아이의 목소리, 얼마나 귀엽고 사랑스러운가.

강연자 김미경은《꿈이 있는 아내는 늙지 않는다》에서 아이가 어렸을 때 자신을 보고 직장을 그만두면 안 되느냐고 떼를 썼다고 밝혔다. 친구는 집에 가면 엄마가 간식을 만들어준다고 하는데 아이는 집에 가면 아무도 없어 부러웠다는 것이다. 김미경은 아이에게 종이를 가지고 오라고 한 다음 가족의 하루 일과를 그려줬다.

"우리 가족의 하루를 그려보자. 아침 7시면 우리 식구들은 일어나서 다 같이 아침을 먹어. 그리고 8시면 집에 남아 있는 사람은 아무도 없어. 아빠는 회사 가고, 너희는 학교 가고, 엄마도 회사에 가. 그리고 너는 3시에 학교가 끝나면 집에 들러서 가방을 바꿔 들고 4시에 학원에 가. 영어학원, 미술학원 가다 보면 7시나 돼야 집에 오잖아. 엄마도 그때 집에 오고. 그 한 시간 때문에 왜 엄마가 24시간 집에 있어야 하는지 네가 설명해봐."

가만히 듣고 있던 딸아이는 아무 말 없이 엄마랑 함께 종이에 그린 하루 일과를 챙기더란다. 종이는 왜 챙기느냐고 묻자 "나중에 우리 딸이 나보고 간식 만들어달라고 하면 이 종이 보여주게"라고 말했다고 한다. 김미경은 그렇게 이야기를 하면서도 마음이 쓰렸다고 한다. 그 한 시간이 아이에게는 몇 배의 행복의 기억으로 돌아오리라는 걸 왜 모르겠는가. 하지만 엄마 입장에서는 그 한 시간 때문에 직장을 포기하기가 어렵다.

재택근무를 하면 집에서 일하면서 아이들도 챙길 수 있다. 물론 실시간으로 화상수업을 해야 하거나 사고 처리를 해야 하는 보험 업무는 시간 확보가 수월하지 않을 수 있다. 하지만 아이는 집에 왔을 때 엄마의 모습을 보는 것만으로도 안정감을 느낄 수 있다. 또한 아이에게 무슨 일이 생겼을 때 언제 어디든 달려갈 수 있다.

작은아이는 8개월 3주 만에 미숙아로 태어났다. 1998년도 여름에 엄청난 수해가 전국을 휩쓸었는데 당시 살던 의정부 아파트가 1층까지 물에 잠기고 말았다. 당시 9개월 임신부이던 나는 전기와 가스 공급이 끊어진 상태에서 세 살 큰아이를 업고, 살기 위해 15층 꼭대기에서 1층까지 걸어 내려와 가까운 식당에서 식사를 해결해야 했다.

아마 그때 너무 무리를 한 탓인지 진통이 빨리 왔고 결국 아이는 미숙아로 태어났다. 작은아이는 인큐베이터에 일주일가량 입원을 했다. 친정에서 초유를 짜서 병원을 왔다 갔다 하며 아이에게 먹이면서 얼마나 울었는지 모른다.

그런 아이가 초등학교 입학을 했는데, 담임교사가 나이 지긋한 할머니 선생님이라 아이가 무서워했다. 화장실에 가고 싶은데 손을 못 들어 바지에 오줌을 지리곤 했다. 화장실에서 아이 옷을 갈아입히는데 오줌이 아니라 우유가 묻어 있었다.

"오줌을 눈 게 아니라 우유를 엎지른 거야?"

"아니, 사실 오줌 눈 건데 창피해서 우유 쏟은 척하고 바지에 묻혔어."

"그래! 잘했어. 우리 민현이 센스 있네."

일부러 밝은 체하며 웃음을 지었지만 아이가 자존감에 얼마나 상처를 입었을지 걱정이 되었다. 만약 재택근무가 아니라 멀리 회사를 다니는 직장에서 소식을 들었다면 얼마나 발을 더 동동 굴렀을까. 아이에게 엄마가 필요할 때 옆에 있어줄 수 있어 감사했다.

재택근무로 얻은 여유,
또 다른 미래의 발판

• • •

일을 하다 문득 창문을 바라보니 함박눈이 소담스럽게 내리고 있다. 저절로 탄성이 나왔다. 다시 소녀로 돌아간 듯 마냥 설레고 행복했다. 하지만 한편에서는 눈이 오면 길이 막히고 미끄러워지기 때문에 내리는 눈을 원망스럽게 쳐다본다. 찬바람이 살을 에는 겨울에는 따뜻한 이불과의 이별이 아쉬워 출근이 더욱 힘들다. 하지만 재택근무를 하면 방학이라 학교에 가지 않는 작은아이를 품에 안고 조금 더 잠에 빠질 수 있는 여유로움이 있다.

직장에 출근하는 워킹맘의 가장 큰 고민은 아이들의 방학이다. 학교에 등교시킬 때는 방과 후 수업을 신청하거나 학원 몇 군데를 보내어 퇴근 시간을 맞출 수 있었는데 방학이 되면 집에 아이들을 홀로 두어야 하기 때문에 마음이 편치 않다.

재택근무의 가장 큰 장점은 아이를 돌보면서 경제적 활동이 가능하다는 것이다. 또 출퇴근 시간이 절약이 되기 때문에 자기계발이나 운동, 독서 등 다양한 시간 활용도 가능하다. 오전 시간에 인터넷 강의를 들으며 자격증을 취득할 수도 있다.

나 역시 오전 시간을 활용해 구연동화 자격증을 취득했다. 아픈 친정엄마를 보살피면서 요양보호사에 관심이 있었던 B선생님은 오전에는 온라인학습으로 공부를 하고 주말엔 실습을 했다. 그 결과 1년 후 자격증을 취득했고 지금은 본인만의 센터를 만들기 위해 요양보호사로 전업을 했다.

또한 재택근무자 역시 휴가가 있기 때문에, 잘 이용하면 누구보다 여유롭게 여행을 다녀올 수도 있다. 아들과 떠나기로 약속했던 유럽 배낭여행은 여름휴가를 맞이하여 가마솥 나눔 회원들과 함께 다녀왔다. 평균 나이 52세, 중년 10명이 함께했던 유럽 자유여행은 잊지 못할 추억을 만들었다. 가끔 그때를 생각하며 미소가 절로 지어진다.

나는 30대 중반에 재택근무를 시작해 이제 50대를 향해 나아가고 있다. 당시 유치원을 다니던 작은아이가 내년이면 대학생이 된다. 그동안 재택근무를 하면서 경제적으로도 많은 이익을 얻었지만 그 이상으로 강사와 관리자로서 높은 성취감을 맛볼 수 있었다. 그리고 무엇보다 가장 소중한 선물, 가족과의 시간을 얻을 수 있었다. 재택근무는 가족과의 시간, 경제적 부, 일에 대한 자부심, 세 가지 토끼를 모두 잡을 수 있는 매력적인 직업이다.

다시 창밖으로 시선을 돌렸다. 함박눈이 마치 솜사탕 같았다. 재택근무를 하기 때문에 오롯이 즐길 수 있는 풍경이었다. 메신저로 교사들에게 신나는 음악과 함께 소식을 전달했다.

"선생님들, 창밖을 보세요! 우리 잠시 일을 멈추고 따뜻한 커피 한잔 어때요?"

2장

재택근무
이렇게 시작하라

재택근무도 엄연한 직장생활이다. 단순히 집에서 일을 하니 쉬울 것이라
판단하고 시작하면 예상치 못한 난관에 봉착할 수 있다.
주변 환경과 나의 성향을 제대로 점검하고, 나와 잘 맞는 회사를 선택해보자.

재택근무, 시작하기 전 점검해야 할 6가지

• • •

재택근무, 지금 시작해도 될까?

누구나 재택근무를 꿈꾸지만 누구나에게 맞는 일은 아니다. 출퇴근을 하지 않고 집에서 일하는 것뿐, 재택근무도 엄연한 직장생활이다. 단순히 집에서 일을 하니 쉬울 것이라 판단하고 시작하면 예상치 못한 난관에 봉착할 수 있다.

본인이 재택근무에 최적화된 상태인지 점검하는 것부터 시작해보자. 우선 미혼이라면 다시 생각해보는 것이 좋다. 나는 온라인학습사이트의 교사로서 일하며 초, 중, 고등학생과 학부모를 대상으로 상담을 하고 관리를 했다. 기혼은 학부모로서 경험한 것을 바탕으로 상담하기 때문에 경험이 없는 미혼보다는 상대방과 대화하고 공감대를 형성하기가 훨씬 수월하다.

금융권에서 대출 업무나 보험계약을 할 때에도 미혼보다는 기혼이 더 유리하다. 기혼은 내공이 강해 컴클레임에 대해서도 강한 반면, 미혼은 컴클레임이 한번 들어오면 흔들리기 쉽고 동료들이 또래가 아니기 때문에 대화에서 소외되곤 한다. 물론 미혼만이 가질 수 있는 강점도 있다. 기혼보다 시간을 더 많이 활용할 수 있고 두뇌 회전이 빨라 컴퓨터 활용에 능숙하며 교육 정보를 다양하고 빠르게 습득할 수 있다. 직접 경험하지 못한 부분은 교육으로 대체하면서 내공을 쌓으면 된다.

만약, 자녀가 너무 어리다면 또 한 번 고려해봐야 한다. 집에서 일을 하기 때문에 틈틈이 아이도 돌볼 수 있을 거란 생각에 지원했다가 낭패를 보는 경우를 많이 보았다. 시간 계획을 꼼꼼하게 세워 업무시간을 반드시 확보해야 한다. 종일반을 보냈다면 아이가 수업을 마치기 전까지 집중하여 업무를 보고 아이가 오는 시간 이후에는 어떻게 할 것인지 미리 준비해야 한다. 가까운 곳에 친정 부모님이 계셔서 퇴근 때까지 맡긴다거나, 남편이 일찍 퇴근해 저녁시간에는 아이를 책임진다거나, 큰아이가 있다면 동생을 돌보는 대신 용돈을 주는 식으로 계획이 있어야 한다. 그렇지 않으면 돈 몇 푼 번다고 아이를 방치하나 싶어서 퇴사 결심을 쉽게 할 수 있다.

재택근무자도 결국 회사원이다

신입교육을 받고 배치를 받은 지 얼마 되지 않은 교사가 갑자기 퇴사를 하겠다고 말했다. 어머니가 아파서 본인이 병원에 모시고 다니며 병간호를 해야 하기 때문이었다. 출퇴근하는 일이 아니기 때문에 병원에 모시고 다니면서 일도 같이 할 수 있을 줄 알았는데, 생각보다 시간관리가 어렵고 힘들어 그만둬야겠다고 마음먹은 것이다.

어떤 교사는 본인이 앓고 있던 병을 숨기고 있다가 나중에 건강상의 문제로 퇴사를 하겠다고 말했다. 출퇴근해야 하는 일이었다면 입사를 생각하지도 않았을 텐데 재택근무이기 때문에 가능할 거라 지레짐작했던 것이다. 이 교사처럼 안이한 마음으로 지원서를 넣는 경우는 대부분 얼마 안 가 금방 퇴사를 했다.

재택근무는 아르바이트처럼 쉽게 생각하며 시작하고 쉽게 그만두는 일이 아니다. 해도 그만 안 해도 그만이라는 생각이라면 입사를 미루는 것이 낫다. 재택근무는 근무 형태만 집에서 일을 하는 것이지, 출퇴근하는 직장인과 똑같기 때문이다. 그렇기 때문에 직장인만큼 대우를 받고 연봉도 안정적이다. 그러므로 회사에서 요구하는 업무시간을 정확하게 지킬 수 있는 경우에만 지원서를 넣자.

기본적인 컴퓨터 활용 능력이 있는가?

미래학자 피터 드러커는 e-러닝에 대해 "온라인교육은 새롭고도 독특한 교육영역을 구축하고 있다는 데서 교육의 미래라고 할 수 있다. 국경을 초월한 온라인교육에는 잠재적으로 수조 달러의 가치가 있는 거대시장이 있다"라고 말했다.

앞으로 e-러닝은 잠재가치가 무궁무진하며, 거대시장으로 도약할 가능성 또한 크다. 따라서 온라인학습사이트 시장 또한 더욱 커질 것이며, 이에 따라 온라인학습과 관련된 직종 역시 미래 유망직종으로 계속 떠오를 것이다.

e-러닝이 컴퓨터나 컴퓨터 네트워크 등을 이용한 교육인 만큼, 재택근무자의 가장 기본적인 업무도구는 컴퓨터이다. 그러므로 회사에 지원서를 넣기 전에 나의 컴퓨터 활용 능력을 먼저 점검해야 한다. 요즘 초등학생들은 컴퓨터로 웬만한 활동은 다할 수 있다. 이미지 편집부터 파워포인트를 활용한 발표 자료 만들기, 문서 작업까지 기본적인 컴퓨터 활용 능력은 학교나 집에서 이미 다 습득한 상태다. 그런데 정작 초등학생을 관리해야 할 교사가 컴퓨터를 제대로 다뤄본 적이 없는 상태라면 업무파악을 하는 데 시간이 많이 소요될 것이다. 그러므로 미리 컴퓨터 활용 능력을 배우고 익히는 것이 필요하다.

e-러닝 지도사 자격증이 있으면 입사 지원 시 더 유리하다.

e-러닝 지도사는 인터넷을 매개로 한 사이버공간의 학습이 원활히 이루어질 수 있도록 학습자 안내, 진도 관리, 동기부여, 학습 촉진 등 전반적인 학습관리를 수행하는 온라인학습 전문가를 말한다. 민간자격증이므로 지역의 평생교육센터나 전문교육기관에서 강의를 신청할 수 있으며 손쉽게 취득할 수 있다.

물론 굳이 시간을 내어 자격증까지 딸 필요는 없다. 그러나 기본적인 컴퓨터 활용 능력은 반드시 익혀두어야 더 효율적으로 일할 수 있음을 명심하자.

가족과 충분히 대화를 나누고 결정하자

맞벌이는 선택이 아니라 필수가 되어버린 세상이다. 해가 거듭할수록 물가는 점점 오르고, 아이들이 자라날수록 늘어나는 양육비, 교육비에도 허리가 휘는데 노후자금까지 마련을 해야 한다. 그러니 가정일이 걱정이 되어도 할 수 없이 집 밖으로 나가 맞벌이를 한다.

그러나 재택근무를 하면 돈을 벌면서도 아이를 돌볼 수 있다. 당연히 남편 입장에서는 선뜻 해보라고 한다. 돈도 벌고 가정일도 한다고 하니 반대할 이유가 없기 때문이다. 그러나 두 마리 토끼를 잡기가 어디 쉬운 일인가. 재택근무를 시작하기 전에, 남편과 현실적인 이야기를 충분히 나누어야 다툼을 줄일 수 있다. 아내가 재택근무를 한다고 할 때, 남편이 쉽게 하는 환상은 다음과 같다.

첫째, 집에서 근무하니 모든 육아와 교육, 집안일까지 도맡아 할 수 있을 거라고 생각한다. 내가 처음 재택근무를 시작할 때, 회사에서 남편한테 각서를 받아 오게 했다. 재택근무를 하는 아내를 위해 남편이 어떤 부분을 전담할 것인지에 대한 각서였다. 남편에게 물어보자 자신은 설거지를 도맡아서 하겠다고 말했다. 그러나 퇴근이 늦어 제때 설거지를 하지 않았다. 본인이 약속했기 때문에 다음 날 설거지가 밀려 있어도 나에게 아무 말도 하지 못했다. 오히려 약속을 제대로 지키지 않았으므로, 주말에는 더욱 아이들을 위해 여행, 캠핑을 계획하고 함께 하려고 노력했다. 만약 각서를 받지 않고 시작했다면 설거지 또한 나의 의무가 되었을 것이다.

둘째, 재택근무 역시 직장생활의 일환이라는 것을 알려주자. 대부분 남편들은 집에서 일을 한다는 이유로 이 일을 부업처럼 생각하는 경우가 많다. 그러나 재택근무자에게도 사무실 업무를 하는 이들이 모르는 스트레스가 많다. 특히 초반에는 교육을 받기 위해 출근을 해야 하고, 그동안 쉬고 있던 뇌를 풀가동하여 새로이 배워야 하는 것들이 많기 때문에 정신이 없다. 몇 개월은 업무에 대한 파악을 해야 하므로 집 안이 난장판 같아도 참아줘야 한다고 미리 귀띔해야 한다. 맞벌이를 하면서 생기는 경제적 이익을 함께 나누기 위해서는 더더욱 남편의 협조가 필요하다고 얘기하자. 남편도 외벌이로 인한 부담감에서 벗어날 수 있기 때문에, 충분히 이해하며 도와주려고 할 것이다.

가진 것 없는 나도
일할 수 있을까?

● ● ●

장애여성도 일할 수 있다

대부분 장애여성은 스스로 세상과 격리되거나 존재를 숨기려고 하여 가족 안에서만 머물러 살아가는 경우가 많다. 그러나 언제까지 가족의 돌봄을 받으며 살아갈 수 없기 때문에 장애여성이 자립할 수 있도록 국가에서 많은 지원을 하고 있다. 장애여성의 자립을 위해 가장 우선시되어야 하는 것은 바로 경제력이다.

의정부 지역의 장애여성단체 '나래'에서는 집 안을 예쁘게 꾸미는 홈패션 수업도 중요하지만 무엇보다 이들의 경제적 자립을 도와주는 것이 더 시급하다고 생각하여 텔레마케팅 교육부터 취업까지 도와주는 프로그램을 진행했다. 15명의 장애여성이 프로그램을 신청했고, 이 단체에서는 텔레마케팅 교육을 전담하는 회사와 그들을 연결시켜주었다.

장애여성들에게 재택근무는 출퇴근하지 않아도 직장인으로서 자부심을 느끼며 일할 수 있으며 경제적 자립도 할 수 있는 일이다. '장애인의 의무고용법안'은 상시 근로자 50명 이상을 고용하고 있는 사업장에서 소속 근로자의 약 2.7%에 해당하는 근로자를 장애인으로 고용해야 한다고 정해져 있다. 회사와 장애인이 상부상조할 수 있도록 정부에서 조정을 해준다면 장애여성의 자립에 많은 도움이 될 것이다.

전에 함께 일하던 C교사는 어렸을 때 화상으로 얼굴이 심하게 일그러져 세상과 담을 쌓고 살았다고 한다. 처음 만났을 때도 사람과 마주하여 이야기하는 것을 힘들어하고 낯도 많이 가렸다. 교육을 받으러 출근했을 때도 고개를 푹 숙인 채 되도록 눈을 마주치지 않으려고 하는 게 보였다.

그러나 점점 상담 업무에 익숙해지고, 본인의 콤플렉스를 감추면서도 할 수 있는 경제활동이 있다는 걸 알게 되자 점점 자신감이 생기기 시작했다. C교사는 이제 고개를 푹 숙이고 다니지 않는다. 재택근무를 통해 스스로 세상에 서는 방법을 알게 된 것이다.

이혼의 아픔을 이겨내고 자립하기 위하여

"아이와 함께 출근해도 될까요?" B교사는 남편과의 불화를 견디지 못해 이혼을 선택했다. 그리고 회사 교육 때마다 아이와 함께 출근을 했다. 아이가 분리불안 증상을 겪고 있었기 때문이다. 이혼은 부부만의 문제가 아니다. 부모님의 불화와 이혼 과정을 옆에서 지켜본 자녀는 당사자인 어른들보다 훨씬 더 큰 정신적인 충격을 받게 된다.

아이는 엄마가 잠시라도 곁에서 멀어지면 견디지 못하고 쇼크 상태에 빠져버렸다. 그래서 B교사는 제대로 직장을 구하기도 힘들었고, 경제적 자립을 할 수도 없었다. 그러다 상담 재택근무를 알게 되어 지원을 하게 된 것이다. 회사 측에서는 B교사의 사정을 이해하여 아이도 함께 교육에 올 수 있게 배려해주었다. 엄마가 재택근무를 하며 아이와 떨어지지 않고 돌봐주는 동안 아이의 증상은 조금씩 호전되었다. 아이가 학교에 입학할 때쯤엔 엄마가 곁에 없어도 충분히 혼자 생활을 할 수 있게 되었다.

"오늘 아이들 병원 예약한 날이네요. 다녀와서 열심히 일할게요." C교사는 이혼 후 정신적으로 힘든 데다 아이들이 심한 아토피를 앓고 있어 더욱 힘들어했다. 다행히 친정이 가까이 있어서 도움을 받을 수 있었지만 언제까지 도움만 받을 수는 없었다. 결혼 전에는 똑똑하던 딸이 점점 무너지는 모습을 보여주는 것 같아 C교사는 새로운 일을 찾기 시작했다.

출퇴근을 해야 하는 직장은 병원을 가는 날마다 따로 시간을 내기 힘들기 때문에 C교사는 조금 더 시간을 자유롭게 활용할 수 있는 재택근무를 선택하였다. 병원 일정이 있는 날이면 전날에 업무시간을 더 확보해서 다음 날에 지장이 되지 않도록 야무지게 시간관리를 했다. C교사는 자신의 일을 찾자 점점 자신감이 생기기 시작했고 아이들의 상태도 꾸준히 좋아졌다. 그리고 다시 원래의 씩씩한 모습으로 돌아왔다.

이처럼 재택근무는 몸이 불편해서 거동이 자유롭지 못한 장애여성이나 여러 사정으로 한부모가정이 되어 가장으로서 책임을 져야 하는 여성에게 정신적, 물질적으로 도움을 받을 수 있는 기회를 제공한다. 재택근무가 자립을 돕는 하나의 돌파구가 되고 있는 것이다.

제대로 시작하기 위해 피해야 할 4가지 실패유형

· · ·

누구나 성공을 꿈꾼다. 성공을 하기 위해서는 실패의 요인을 분석하고 반대로 행동하면 된다. 재택근무자의 실패유형을 살펴보고 성공을 위한 나만의 전략을 갖도록 해보자.

첫째, 일의 순서를 제대로 정하지 못한다

교사들은 종종 하루 종일 컴퓨터 앞에 앉아 있었는데 계약은 안 되고 너무 힘들다며 푸념 섞인 말을 한다. 그런 말들을 듣다 보면 나도 덩달아 한숨이 나온다. 사과나무 아래에서 몇 시간씩 입을 벌리고 누워 있는다고 해도 사과가 입안으로 저절로 떨어질 일은 없다. 높은 곳에 있는 사과라면 사다리를 타고 올라가야 열매를 딸 수 있다. 아직 덜 익은 사과라면 충분히 익을 수 있도록 햇빛과 물을 주어야 한다. 가만히 앉아 인터넷 창만 쳐다보고 있지 말고 시간대별 활동계획을 잡아보자. 자기만의 업무 프로세스를 만들고 하나씩 체크하면서 일을 진행해야 진척이 있다.

성과 달성에 실패한 재택근무자를 살펴보면 늘 일의 우선순위가 뒤죽박죽이다. 회사에서 정해진 근무시간만큼은 개인적인 일은 뒤로 미루고 일에 집중을 해야 하는데, 대부분 지켜보는 사람이 없다는 이유로 개인적인 일을 먼저 처리한다.

한 교사는 작은아버님이 돌아가셔서 시어머님 모시고 병원을 가야 할 것 같다며, 근무시간에 시댁에 다녀오겠다고 했다. 교사에게 지금 꼭 가야 하느냐고 물었더니 어머님이 기다려서 같이 가야 한다고 한다. "그럼 오전에 갔다 오든지 근무 중이라고 말씀드리고 나중에 업무를 마친 뒤에 가면 되지 않나요?"라고 말하니 먼저 다녀온 다음에 일을 하면 되지 않느냐고 답한다. 이처럼 개인사가 먼저라면 성공하기 힘들다. 재택근무자도 회사의 일원이라는 것을 잊지 말자.

둘째, 적금통장도 없고 미래에 대한 계획도 없다

적금을 든다는 것은 미래에 대한 계획이 있다는 말이다. 적금통장에 불입할 금액을 정하면서 목표도 생기고, 매달 불어나는 통장 잔고를 보면 뿌듯함도 느낀다. 천만 원을 목표로 3년짜리 적금을 들었다면 매달 달성해야 하는 자신만의 급여 목표에 따라 구체적인 계획도 세울 수 있다.

실패하는 사람들은 적금을 여유가 있을 때 하는 것이라고 말한다. 매달 빠듯하게 생활하는데 적금까지 불입할 여유가 없다고 생각하고 본인이 벌어온 만큼만 쓰려고 한다. 당장 벌어 당장 쓸 계획밖에 없기 때문에, 일이 잘 안 풀릴 때는 쉽게 그만두게 된다. 그러나 미래에 대한 계획과 목표가 있으면, 그 목표를 달성하기 위해서라도 한 번 더 힘을 낼 수 있다.

셋째, 무엇이든 부정적으로 반응한다

실패한 재택근무자들은 대부분 하나의 현상을 보더라도 부정적인 시각으로 먼저 보려고 한다. 회사에서 진행하는 시책도 "달랑 그거 하나 받을 거면 차라리 안 할래요"라고 말한다. 관리자가 회원 상황을 열심히 점검해 알려주면 "얘는 어차피 가입 안 할 회원이에요"라며 시도도 하지 않으려 한다.

반면, 긍정적 마인드를 가진 사람은 조언 한마디에도 "감사합니다. 다시 살펴보겠습니다"라고 말한다. 이런 교사는 뭐라도 더 챙겨주고 싶은 게 사람 마음이다. 특히 재택근무자들은 메신저로 소통을 하기 때문에 말한 마디에 마음이 오롯이 전달된다. 그러므로 부정적으로 반응을 하는 사람들보다 어떤 상황이든 긍정적으로 받아들이는 사람에게 마음이 끌린다.

넷째, 종업원 마인드로 일한다

중소기업청의 발표에 따르면 창업 5년 후 생존률이 29%밖에 되지 않는다고 한다. 자영업자들이 줄줄이 폐업하는 데는 여러 가지 요인이 있지만, 그중에서도 경영자의 잘못된 마인드가 큰 요인이라 한다. 집안의 생계가 달려 있는 만큼 종업원보다 몇 배의 노력과 땀을 흘려야 할 경영자가 매장을 비우는 건 다반사이며, 직원에게만 의존하고 맡긴 일을 제대로 체크하지 않으니 가게 운영이 제대로 될 리가 없다.

또한 본인에게 문제를 찾지 않고 무조건 직원 탓, 여건 탓만 하기 때문에 개선이 되지 않고 발전이 없으니 경쟁업체에 밀리면서 폐업을 하게 된다. 또 창업 전에 창업하고자 하는 분야에 대해 꼼꼼하게 조사하고 시작해야 하는데 유행하는 아이템만 좇다 보면 결국은 문을 닫을 수밖에 없다.

실패하는 재택근무자도 이와 비슷한 실수를 많이 범한다. 사장 마인드보다 종업원 마인드로 일을 하다 보니 뚜렷한 목표의식도 없으며 성공에 대한 욕심도 없다. 전문적인 상담 기술을 쌓기 위해 공부하고 노력해야 하는데 자동응답기처럼 매번 같은 내용만 되풀이한다. 그러면서 본인에게서 문제를 찾지 않고 회사 탓, 관리자 탓, 회원 탓을 한다. 오늘 달성해야 성과를 내일로 미루면서 내일은 될 거라는 이상한 긍정모드로 합리화하곤 한다.

실패할 수밖에 없는 재택근무자들은 같은 시간을 주고 똑같은 업무를 지시하더라도 비효율적으로 일을 하기 때문에 절대 좋은 결과가 나오지 않는다. 구체적인 연봉 목표가 없으니 적금통장도 만들지 못한다. 매사 부정적인 시선으로 일을 대하니 주위에 사람이 없고 일도 재미가 없다. 종업원 마인드로 일을 하니 자꾸 일을 내일로 미루는 게으름이 퍼져 있다.

지금 재택근무를 하고 있는 사람이라면 자신이 이러한 태도로 일하고 있지 않은지 점검해보자. 그리고 재택근무를 시작하려 하는 사람이라면 재택근무자로서 성공하기 위해 위와 같은 마인드와 반대로 행동하면 된다. 업무의 우선순위를 머릿속에 두고, 적금통장을 만들고, 긍정적인 생각을 가지고, 성공하겠다는 의지로 열심히 업무능력 향상에 몰두하며 일하면 된다.

나에게 맞는 회사를 찾아보자

● ● ●

　검색어에 재택근무라고 입력하면 다양한 형태의 재택근무가 줄줄이 나온다. 그중에서 고수익을 보장한다고 말하는 재택 아르바이트는 별로 권하고 싶지 않다. 단시간에 고수익을 올리는 일은 '돈'이라는 보상을 줄 수 있을지 몰라도 보람과 긍지까지 주지는 않는다. 또한 단시간에 고수익을 올리는 일은 그만큼 위험부담이 있다. 대부분 문어발식으로 소개를 하거나 초기 투자비용이 많이 들어가는 곳이 많다. 그러므로 주의를 기울여야 한다.

　아이에게 남편에게 그리고 주위 사람들에게 당당하게 말할 수 있는 일을 하고 싶다면 시간을 들여서라도 가치 있는 일을 찾는 것이 중요하다. 그래서 나는 온라인학습교사 일을 택했고 13년째 보람을 느끼며 일하고 있다.

온라인학습교사(사이처)는 지도교사와 상담교사로 나뉜다. 선생님으로서 아이들을 직접 가르치고 관리하면서 교육자로서 긍지를 느끼고 싶다면 지도교사를 권한다. 만약, 영업자의 성향이 강하고 수수료에 대한 인센티브의 욕심이 있는 경우라면 상담교사를 추천한다.

동부화재는 금융업계 최초로 기존 콜센터에서 처리해오던 업무를 재택에서 가능하도록 시스템을 도입했다. 현재 약관대출 업무와 사고처리 업무를 담당하는 직원을 채용하고 있다. 동부화재 이외에도 재택에서 근무가 가능한 시스템을 도입하고 있는 회사가 점점 늘어나고 있다.

관심 있는 회사의 홈페이지에 접속하면 채용정보가 자세히 안내되어 있으니 참고하면 된다. 업무시간이 구체적으로 명시되어 있는지, 출근은 월 몇 번을 하는지, 회사 인지도와 더불어 탄탄한 재무구조를 가지고 있는 곳인지 꼼꼼하게 따져보자. 직원에 대한 다양한 혜택도 살펴보고, 회사에서 운영되는 성과급 제도나 인사제도 등도 미리 비교해보자.

가장 중요한 것은 나의 성향을 파악하여 나와 궁합이 맞는 곳을 택하는 것이다. 많이 조사해보는 만큼 나에게 더욱 잘 맞는 업무와 회사를 찾을 수 있을 것이다. 부록에 온라인학습사이트 중심으로 각 사이트의 모집요강을 정리해두었다. 부록에 소개한 사이트 이외에도 재택근무자를 모집하는 회사가 많으므로 본인에게 맞는 곳을 찾아보도록 하자.

3장

재택근무
처음 1년이 중요하다

1년이 지나면 업무를 시작하면서 맞는 새로운 봄, 여름, 가을, 겨울의
사계절을 보내고, 12번의 마감과 12번의 급여를 받게 된다.
잘 견뎌내고, 잘 성장한 1년이 앞으로의 5년과 10년을 만든다.

입사 후 3개월이
성공의 첫 통과의례다

● ● ●

재택근무 제대로 알고 시작하자

"왜 온라인학습지 교사를 선택하셨나요?" 신입교사를 강의할 때 제일 먼저 하는 질문이다. 90% 이상은 "집에서 일할 수 있어서요"라고 대답한다. 자신이 몸담을 회사가 어떤 곳이고 어떤 일을 하는지, 나에게 맞는 일인지 파악하지 않은 채 단지 '재택근무'라는 업무환경만 보고 이력서를 내는 경우가 많다. 그러다 막상 신입교육을 받고 나면 단순하게 생각했던 일이 그리 쉽지 않은 일이라는 걸 알게 된다. 그리고 교육을 받으러 나오지 않는다.

아무리 '재택근무'라는 업무 형태에 매력을 느껴 일을 시작한다 해도, 자신이 맡게 될 업무에 대해 충분히 이해하지 않는다면 제대로 시작할 수도 제대로 업무를 이어나갈 수도 없다. 나는 현재 13년째 온라인학습지 교사 '사이처'로 일하고 있다. 나는 이 직업이 21세기 교육 흐름에 맞춰 생겨났기 때문에, 새로운 산업혁명에 의해 많은 직업군이 사라질지라도 끝까지 살아남을 직업이라고 생각했다. 또한 노력에 따라 성공할 수 있는 가능성도 높았고 직업의 안정성도 충분했다. 그래서 이 직업을 택했다. 이처럼 직종을 택하기 전 충분한 조사는 필수다.

나에게 이 일이 맞을까?

직업을 선택하기에 앞서 내가 어떤 성향의 사람인지 점검해야 한다. 스스로 파악하기 힘들다면 주위 사람에게 물어보는 것도 방법이다. 온라인학습지 교사는 주로 전화로 학생을 상담하고 공부를 가르쳐야 하므로 너무 내성적이거나 사람들과 소통하는 데 어려움을 겪는 편이라면 일하기 어려울 수 있다. 그러나 매우 뛰어난 화술이나 사교성이 필요하지는 않다. 성공한 학습지 교사들을 살펴보면 유달리 말을 잘하기보다 꾸준히 성실하고 늘 배우고 꾸준히 노력하는 자세를 가지고 있다. 그리고 무엇보다 일에 대한 긍지와 자부심이 있고 미래지향적이며, 웃음을 잃지 않는 사람들이다.

"강사님은 어떻게 그렇게 말을 잘하세요?" 강의 중간에 점심을 같이 먹으면서 신입교사들이 이런 질문을 많이 한다. 그럴 때마다 나는 이렇게 대답한다. "10년 넘게 이 일을 했는데, 못하면 바보죠. 저도 처음엔 전화를 걸면서도 '받지 마라, 받지 마라' 했어요. 너무 떨려서 무슨 말을 해야 할지 모르겠더라구요. 근데 시간이 지나면 다 적응되고 해결됩니다. 처음부터 잘하는 사람은 절대 없습니다. 우선 3개월 동안 눈 딱 감고 열심히 배워보세요."

누구에게나 처음은 있다. 처음이라 겪는 어려움은 성향의 문제가 아니라 누구나 겪는 것이기 때문에 노력으로 충분히 극복 가능하다. 성향의 문제와 노력의 문제를 구분하도록 하자.

또한 일을 시작하기 전 자신의 컴퓨터 사용 능력을 점검해보는 것도 중요하다. 재택근무는 온라인상에서 업무 대부분이 이루어지는 경우가 많다. 따라서 기본적으로 한컴오피스나 MS오피스의 활용법은 간단하게라도 알고 있어야 한다. 그리고 독수리타법으로 타자를 치는 사람이라면 상담기록 작성 시 시간이 많이 소요되기 때문에 타이핑 속도를 높일 수 있도록 사전에 충분히 연습해야 한다.

A교사는 남편이 갑작스럽게 암 진단을 받아 병수발을 하기 위해 다니던 직장을 그만두고 재택근무로 전향했다. 처음

엔 컴퓨터가 익숙하지 않아 쪽지를 보내는 것도 힘들어했고 회사 규정을 알려주면 매번 다르게 해석을 해서 다시 알려주어야 했다.

업무를 익히는 과정이 다른 교사에 비해 너무 느려서 이 교사가 과연 일을 제대로 할 수 있을까 걱정이 많았다. 하지만 시간이 흐르자 업무에 익숙해지고, 특유의 유머감각과 긍정적인 마인드가 무기가 되어 실력이 쑥쑥 올랐다. 이럴 때면 '사람을 함부로 판단하면 안 되겠다'고 느낀다.

필리핀 속담에 "하고 싶은 일에는 방법이 보이고, 하기 싫은 일에는 변명이 보인다"라는 말이 있다. A교사가 성장할 수 있었던 것은 지금의 모습에 좌절하거나 안주하지 않고 할 수 있는 한 노력하여 변화시킬 수 있는 부분을 변화시켰기 때문이다. 미리 자신을 파악하고 일을 택하는 것도 중요하지만 일에 필요한 능력치보다 지금 내 능력이 미흡하다고 쉽게 포기하지 말자.

나의 업무환경을 점검하라

신입교육을 무사히 잘 마쳤다면 집에서 업무를 시작하기 전 업무환경을 점검해야 한다. 신입교사의 집을 방문하면 베란다에 컴퓨터를 두고 일하거나 아이들이 오고 가는 거실에 앉은뱅이책상을 두고 일하는 경우가 있다.

일하는 곳은 확실히 독립되어야 한다. 업무 공간과 가정 공간이 분리되지 않으면 업무에 집중하기 어렵다. 또한 화상으로 수업을 하면 교사가 앉아 있는 배경이 학생에게 그대로 노출된다. 내가 일하는 공간은 하나의 사업장이다. 새로운 사업을 구상하고 성공하기 위해서는 CEO의 마음으로 업무환경을 조성할 필요가 있다.

나는 안방에서 업무를 한다. 햇볕이 잘 드는 베란다 쪽 창가에 책상을 두고 왼쪽에는 책장 겸 칸막이를 설치해서 독서실 분위기로 만들었다. 또 칸막이가 목소리를 한번 막아주기 때문에 방 밖에서 통화하거나 교육하는 소리가 잘 들리지 않는다. 그리고 책상 위에는 최신 컴퓨터와 눈의 피로를 덜어주는 인버터 스탠드가 놓여 있다. 정면 벽에는 대형 칠판이 있어 책에서 읽고 좋았던 상담 팁이나 글귀 등과 한 달 목표, 각오가 적혀 있다. 여행에 가서 찍었던 사진들도 한쪽에 진열되어 있어 힘들 때 한번 웃을 수 있는 힘이 된다. 이렇게 나만의 업무공간을 공들여 만들어두면 노력이 아까워서라도 더욱 업무에 집중하게 되고 능률도 오르게 된다.

오래 일하는
직업 마인드 갖기

• • •

　내가 자주 들르는 미용실이 있는데 그 미용실은 원장이 혼자 운영을 한다. 그래서 손님이 많은 날에 손질을 받으려면 한참을 기다려야 한다. 그러나 원장의 솜씨가 워낙 좋아 손님이 늘 끊이지 않는다. 돈도 많이 벌 텐데 직원을 안 쓰고 왜 혼자 일하는지 궁금해 여쭤보았다.

　"왜 안 써봤겠어요. 직원을 뽑아도 1년을 못 버티고 나가더라고요. 직원 관리하는 것도 너무 신경 쓰여서 혼자서 하는 게 마음 편해요."

　손님들도 직원보다 원장한테 머리 손질을 받기를 원하고, 직원 인건비도 안 나가니 지금이 더 좋다고 한다.

과거에 비해 온라인교육에 대한 관심이 높아지면서 온라인교육과 관련된 업무를 하는 교사나 관리자를 많이 모집한다. 초등교육만 하더라도 와이즈캠프, 해법스터디, 밀크티, 홈런, 엠주니어, 빨간펜 등 헤아릴 수 없을 정도로 많은 사이트가 있다. 여기다 중·고등 분야까지 합치면 온라인학습 규모는 어마어마하다. 규모가 큰 만큼 공고도 자주 올라오는 편이다.

그러다 보니 조금만 힘들거나 수수료가 마음에 안 들면 회사를 바로 옮기는 경우가 많다. 회사 입장에서는 신입을 교육하는데 비용이 많이 발생하고, 또 교사는 본인만의 업무스킬을 완성하지 않은 상태에서 불나방처럼 옮겨 다니니 직업 마인드가 생기지 않는다.

교육을 다 듣고 난 뒤 실제로 일을 시작하면 최소 3개월이 정말 정신없이 지나가버린다. 의욕이 충만하여 업무에 대한 호기심도 높고, 배우고 적응할 것도 많기 때문에 업무를 익히다 보면 언제 시간이 흘러가는지 모른다. 그러다 어느 정도 업무에 감이 잡히기 시작하면 남편의 간섭까지 시작된다. 정신없이 일에 적응하다 보니 집안일과 육아에 소홀해질 수밖에 없기 때문이다.

그럴 때 유혹처럼 다가오는 소리가 있다.

'내가 집에서 벌어봤자 얼마나 번다고 아이들을 저렇게 방치

하고 있는 걸까. 차라리 조금 더 아껴 쓰고 애들이 크고 나서 일하는 게 낫지 않을까?'

사실 3년 이상 근무하고 있는 교사들조차 제대로 된 직업 마인드가 없는 게 현실이다. 매일 출근하여 일하는 것이 아니라 집에서 아이를 돌보면서 혼자 근무를 하다 보니 직업관을 갖기가 매우 어렵다.

출퇴근 직장이라면 상사 눈치를 보기도 하고 동료와 업무 관련 소통을 하며 의지하고 보람을 찾기도 하지만, 재택근무는 혼자 일을 하기 때문에 직업군의 한 일원으로서 마인드를 정립하기 어렵다. 직업 마인드가 부족하면 쉽게 퇴사나 이직을 생각한다. 롱런하는 직업 마인드는 어떻게 가질 수 있을까?

아르바이트생 마인드 VS 사장 마인드

대학생인 큰아이는 주말마다 수제 햄버거 매장에서 아르바이트를 한다. 카운터만 보는 게 아니라 햄버거 안에 들어가는 패티도 직접 만들고 빵도 구워서 주문 즉시 포장해주는 일을 한다. 한번은 남편이 가게 매출을 올려주려고 직원들 야유회 간식을 주문하려고 했더니 아들이 말했다.

"아빠, 그럼 나 엄청 힘들어요. 다른 데서 주문하세요."

알바생은 주문이 많이 들어오면 일이 많아질 뿐이지, 매출이 오르면 사장만 좋다는 것이다. 이 말에 남편은 아들에게 공사장 인부 이야기를 들려주었다. 이야기는 다음과 같다.

한 철학자가 한창 건물을 짓고 있는 공사장을 지나다가 세 명의 인부를 보고 물었다.

"당신은 지금 무슨 일을 하고 있습니까?"

첫 번째 인부는 "난 일용잡부요"라고 대답했고, 두 번째 인부는 "벽을 쌓는 중이요"라고 대답했다. 그리고 마지막 세 번째 인부는 이렇게 대답했다.

"저는 지금 아름다운 성당을 짓고 있는 중입니다."

남편은 아들에게 말했다.

"아들아, 그 매장이 네 사업장이라고 생각하고 일하면 어때? 손님을 어떻게 대해야 다시 이 매장에 오게 될까? 가게 안의 구조를 어떻게 변경해야 손님들이 더 편하게 느낄까? 이런 생각으로 일을 하면 사장님도 그런 너를 보고 알바비를 더 챙겨주고 싶을 것 같은데 어떻게 생각하니? 꼭 돈으로 보상을 받지 않더라도 너는 경영학과 학생이니 그런 고민들이 다 너에게 큰 자산이 될 거야."

아직 완성되지 않은 성당을 미리 그리는 사람, 멀리 있는 직업적 성공을 목표로 하는 사람이야말로 엄청난 잠재력을 가지고 있는 사람이다.

나는 어떤 목표로 일하고 있는가

여고 동창생 상은이는 구몬 학습지 16년 차 베테랑 교사다. 학습지 시장이 호황일 때 친구의 별명은 '사백'이었다. 급여수령액이 400만 원 이상이라고 해서 붙은 별명이었다. 10년 전 연봉이 5천만 원이면 대기업 과장 월급보다 많은 편이었으니 친구들이 부러워했다. 지금은 예전만 못하다 하지만, 아직도 여전히 회원을 관리하고 있다. 그는 16년 동안 어떻게 일해왔을까?

상은이는 수업보다 회원 엄마와의 상담을 더 오래 한다고 한다. 학습지를 더 하라고 강요하는 상담이 아니라 지금 회원의 상태를 점검하고 진단해서 어떤 부분이 더 필요한지를 구체적으로 알려주고 필요하다면 다른 학습을 권유한다고 한다. 단발성 상담이 아니라 꾸준히 변화하고 성적이 상승할 때까지 맞춤상담과 관리를 해주니 자연스럽게 학습과목이 늘고 그만두는 회원 수도 적다고 한다. 수업만 하고 나와도 빠듯한 시간에 너무 힘들게 관리하는 거 아니냐고 물어보았다.

"나는 나한테 배정된 아이들이 다 내 아이들 같아. 내가 열심히 가르치고 공들인 아이들이 나중에 이 나라의 일꾼으로 성장한 모습을 상상하면 나도 모르게 더 필요한 게 없는지 찾게 되더라고."

내가 하는 일의 가치를 느끼고, 거기에 보람을 찾으려고 노력하면서 주인의식을 가지고 일을 한다면 현재 나의 일이 얼마나 소중한지 깨닫게 될 것이다. 그렇다면 오래 일을 하기 위해 구체적으로 어떤 목표를 가져야 하는 것일까?

1년을 위한 근육을 키워라

• • •

입사 후 1년이 지나면, 일도 가정도 조금씩 자리를 잡기 시작한다. 1년이라는 시기는 업무를 시작하면서 맞는 새로운 봄, 여름, 가을, 겨울의 사계절을 보내고, 12번의 마감과 12번의 급여를 받은 시기다. 모든 것이 처음이었던 시절에서 유경험자로서 넘어가는 시기이므로 일주년 교사에게 선물을 챙겨주면서 격려하는 회사가 많다.

"어떻게 1년이 지나갔는지 모르겠어요. 정신없이 지나고 보니 1년이더라구요."

소감을 발표하는 선생님들이 매번 하는 말이다. 그리고 이어서 말한다. "1년을 보내고 나니 조금씩 일에 대한 방향이 보이기 시작합니다. 앞으로 더 열심히 달려보겠습니다.

대부분의 교사들이 육성기간이 끝나는 4개월부터 9개월 사이에 좌절을 경험하고 퇴사를 고려한다. 자기관리에 어려움을 느끼고, 사람을 상대하는 데 스트레스를 많이 느끼기 때문이다. 좌절과 스트레스를 이겨내고 1년을 맞이하기 위해서 어떻게 일해야 할까.

엉덩이 근육을 키워라

아이의 초등학교 입학을 앞둔 부모들과 상담할 때 많이 하는 이야기가 "엉덩이 힘을 길러주세요"이다. 율동과 놀이 위주로 유치원 생활을 했던 아이들에게 학교의 시스템은 거인처럼 거대하고 무섭게 다가온다. 40분이라는 수업시간 동안 책상에 가만히 앉아 있어야 하니 온몸이 근질거린다. 그러다 보니 수업시간에 교실을 마음대로 돌아다니거나 쉬는시간도 아닌데 화장실을 다녀오기도 한다. 그래서 입학하기 전에 책상에 앉아 있는 훈련을 시켜야 한다. 특히 남자아이를 둔 부모에게는 매일 조금씩 시간을 늘려가며 책상에 앉아서 공부하는 습관을 들여야 한다고 상담한다.

아이들과 마찬가지로 재택근무자들도 엉덩이 근육을 길러야 한다. 집에서 혼자 일을 하다 보면 누가 보는 사람이 없기 때문에 여러 이유로 엉덩이를 떼는 일이 많다. 업무시간에 집중하지 않고 자주 엉덩이를 떼다 보면, 업무효율이 낮아져 가정에 쏟을 시간까지 업무시간에 빼앗기고 만다. 그러므로 업무시간만큼은 집중 또 집중해야 한다.

엉덩이 근육을 기르기 위해 밑바탕이 되어야 하는 것이 계획이다. 미국에서 활동하는 자기계발 작가 브라이언 트레이시는 "계획을 세우지 않는 것은 실패를 계획하는 것이다"라고 말한다. 하루 시간관리 계획부터 시작해보자. 업무 전에 20분 정도 시간을 들여서 오늘 할 일을 시간대별로 계획하여 적고 시작하는 것이 좋다. 오늘의 다짐과 목표를 먼저 적고 통화해야 할 회원을 점검하여 정리한다. 이렇게 계획을 해두면 한참 일해야 하는 시간에 멍 때리면서 컴퓨터 화면만 오르락내리락하지 않아도 된다.

10년을 바라보며 1년을 계획하라

• • •

회사에 출근하고 집에 왔더니 두 아들이 공기놀이를 하느라 엄마는 쳐다보지도 않는았다. 그런데 아들이 가지고 놀고 있는 공깃돌을 자세히 살펴보니 평범한 공깃돌이 아니라 회사에서 시책으로 받은 한 돈짜리 금덩어리였다. 후다닥 달려가서 아이들의 손에 들린 금덩이를 뺏고 혹시 굴러간 금덩이는 없는지 장롱 밑을 살펴보았다. 아이들은 색깔이 반짝거리는 게 예뻐서 가지고 놀았는데 무겁기만 하다고 궁시렁거린다.

지금이야 금값이 한 돈에 20만 원 가까이 하지만 13년 전에는 5만 원 정도 가치였기 때문에, 제대로 잘 보관하지 않은 내 탓도 있기는 하다.

회사에서는 동기부여와 목표달성을 위한 다양한 시책으로 교사들을 독려한다. 그중에 금시책은 가장 인기 있는 동기부여 중 하나였다. 내가 금시책을 목표로 세웠던 데에는 나름 특별한 사연이 있다.

1998년도 IMF 외환위기로 나라가 파탄에 이르자 대대적으로 금 모으기 운동이 벌어졌다. 남편 회사도 직격탄을 맞은 상태라 월급이 동결되어 가정경제가 많이 쪼들릴 때였다. 그래서 아이들 돌잔치로 가지고 있던 금반지들과 더불어 어머님이 큰아이 낳느라 애썼다면서 주신 열 돈짜리 열쇠까지 다 내놓게 되었다. 그러다가 몇 년이 흘러서 시댁에서 동서랑 같이 차를 마시는데 뜬금없이 어머님이 물으셨다.

"집에 금붙이라도 있어야 든든할 것 같아서 첫아이 순산 기념으로 선물한 황금열쇠 잘 가지고 있니?"

동서는 바로 "그럼요. 어머님이 주신 선물인데요"라 하는데 그래도 명색이 형님인 내가 냉큼 돈 없어서 팔아 치웠다고 하기가 자존심 상해 그냥 얼버무리고 말았다. 그때 다짐했다. 다른 건 몰라도 금시책은 꼭 받으리라.

역산 스케줄링 목표관리

1년의 근육을 잘 키웠다면 장기 레이스로 가기 위한 준비를 해보자. 우선 내가 하는 일에 대한 점검이 필요하다. 이 일이 나한테 맞는 일인가? 일에 대한 긍지와 자부심을 느낄 수 있는가? 회사는 앞으로도 탄탄한가? 모든 질문에 긍정적인 대답을 얻었다면 이제 계획을 잡기만 하면 된다.

성공과 행복을 여는 열쇠가 무엇인지 찾아내고자 50여 년이나 연구해온 하버드대 에드워드 밴필드 박사는 이렇게 그의 생각을 정리했다.

"우리 사회에서 가장 성공한 사람은 10년, 20년 후의 미래를 생각하는 장기적인 전망을 갖고 있는 사람들이었다."

일본에서 1만 명이 넘는 CEO에게 성공 노하우를 전수하는 최고의 경영 컨설턴트이자 베스트셀러 작가인 간다 마사노리 역시 이렇게 말했다.

"99%의 사람은 현재를 보면서 미래가 어떻게 될지 예측하며, 단 1%의 사람만이 미래를 내다보며 지금 어떻게 행동해야 할지 생각한다. 당연히 후자에 속하는 1%의 사람만이 성공한다."

성공하는 1%가 되는 방법은 매우 간단하다. 그들의 말처럼 미래로부터 역산해서 현재의 행동을 선택하는 습관을 갖는다면 말이다.

《실행이 답이다》(더난출판사, 이민규 저)에서는 역산 스케줄링 3단계를 소개하고 있다.

역산 스케줄링 3단계

Step 1. 달성하고 싶은 목표와 데드라인을 먼저 명확하게 정한다.

Step 2. 목표달성 과정의 징검다리 목표들과 데드라인을 정한다.

Step 3. 목표와 관련된 첫 번째 일을 선택해 곧바로 실천한다.

이 단계를 따라 나의 계획을 적어보았다.

Step 1. 큰아이 대학교 1학년 여름방학 때,
한 달 동안 유럽 배낭여행 가기

Step 2. 5년 후 적금 타서 의정부에서 서울로 이사하기

Step 3. 1년 안에 회사에서 진행하는 해외시책 가기

Step 4. 매달 100만 원씩 적금 들기

Step 5. 이번 달에 우수교사 도전하기

꿈을 이루기 위해 우리가 취할 수 있는 첫 번째 조치는 당장 실천할 수 있는 최소단위의 일을 찾아서 해보는 것이다.

5년 후 서울로 입성하기

당시 내가 살던 의정부는 고등학교를 시험 보고 들어가야 했다. 나는 아이들에게 중학교 때부터 입시 중압감을 느끼게 하고 싶지 않았다. 초등학교 졸업 전에 어떻게든 서울로 진입하고 싶었다. 자금 마련을 위해 알아보니 차이나펀드가 예상 수익률이 괜찮아서 무조건 100만 원씩 5년 만기 적금을 들었다. 추가로 입출금이 자유로운 예금도 만들어서 여유로운 달이면 더 불입하려고 노력했다.

경제관념이 희박하고 복잡한 건 딱 질색인 게으른 성격이 도움이 된 건지 펀드가 오르락내리락하더라도 만기까지 해지하지 않고 불입했다. 만기 해지 시 금액이 생각보다 꽤 높게 나왔다. 은행 직원이 현재 수익률이 괜찮으니 해지하지 말고 더 투자하라고 했지만 나름의 계획이 있었기에 과감히 뿌리쳤다.

결국 나는 적금으로 모은 돈을 기반으로 의정부 아파트를 처분하고 은행 대출을 받아 교육특구라는 노원구 중계동으로 이사했다. 한동안 와이즈캠프에서 돈 벌어 집을 산 교사로 소문이 나기도 했다.

10년 장기 레이스를 위한 나의 하프코스는 1년, 5년 주기로 계획을 잡았던 게 도움이 되었다. 회사에서 처음으로 진행한 해외시책에 도전장을 내밀게 된 것도 나의 계획에 들어 있었기 때문에 욕심을 낼 수 있었다. 한 단계씩 성공의 열매를 맛보게 되면 다음 단계에 대한 기대감이 생기고 현재 나의 일의 소중함도 함께 느끼게 된다.

지금 당장
포기하고 싶을 때

• • •

2004년도 7월에 입사해 13년째 재택근무를 하면서 얼마나 많은 번뇌와 퇴사의 유혹이 있었겠는가. 나름 10년 후의 목표도 마련하고 매달 꼬박꼬박 적금도 부어가면서 무언가가 되어가고 있다는 뿌듯함 못지않게 육아와 일에 대한 스트레스가 태풍처럼 휘몰아칠 때가 있다.

미래학자 다니엘 핑크는 인간의 경제활동 중 90%는 파는 행위라고 했지만, 사람과 부대끼며 상대의 마음을 사기 위한 상담은 정신적 피로도가 높기 마련이다.

그러다 구직란에 올라온 어린이집 오전 근무 교사를 모집한다는 내용이 우연히 눈에 띄었다. 걸어서 10분 정도밖에 걸리지 않는 주공아파트 단지 안이라 호기심에 면접을 보았다. 사회복지과에서 공부하면서 함께 취득했던 보육교사 1급 자격증이 도움이 되었다. 전화로 상담하는 일에 지쳐 있던 때였고 다른 일에 대한 호기심도 있어서 오랜만에 설렘도 생겼다.

아침 8시 30분부터 12시 30분까지 다섯 살 미만의 아이들에게 책을 읽어주고 함께 놀아주면서 점심까지 챙겨주는 것이 주된 일이었다. 그러나 한 달 만에 원장의 만류에도 불구하고 뿌리치며 일을 그만두었다. 그렇게 나의 어린이집 체험은 막을 내렸다. 아이들은 작은 악마다. 얼마나 악악거리며 엉겨 붙는지 오전에 갔다 오면 3시 업무 전까지 드러누워 있어야만 했던 고된 직업이었다.

타지에 가봐야 고향이 좋다는 걸 알듯이 현재 내가 하는 일이 내 몸에 잘 맞는 일이라는 걸 알게 되었다. 그럼 이왕 일하는 거 나만의 즐거움을 찾아보기로 했다

펄떡이는 물고기처럼

나이를 먹어가면서 "건강한 정신에 건강한 육체보다는 건강한 육체에 건강한 정신이 깃든다"는 말에 공감이 간다. 아프면 모든 게 꽝이라는 말이다. 몸이 건강해야 의욕이 생기고 하고 싶은 일들이 보인다.

재택근무는 주로 오후부터 업무가 시작되므로 오전을 활용하여 운동을 할 수 있다. 요즘엔 동네마다 구민체육센터나 주민자치센터가 있어서 저렴한 비용으로 이용할 수 있는 운동시설이 정말 많다.

나름 에어로빅을 비롯해 탁구, 수영, 밸리댄스까지 해봤지만 하루 종일 컴퓨터 작업을 해야 하는 업무 특성상 요가가 도움이 되었다. 보통 업무가 9시 넘어 마무리되기 때문에 오전에는 피로를 풀기 위해 잠을 잔다는 교사도 있지만 내 경험상 오전에 잠을 자는 것보다 운동을 하는 것이 오히려 체력적으로 보충되는 느낌이 들었다. 운동은 장기적으로 꾸준히 지속적으로 해야 효과를 볼 수 있기 때문에 본인한테 맞는 운동을 찾는 것이 가장 좋다.

업무 전에 자기최면 걸기

요가수련의 마무리는 늘 폭소 만트라다. 배에서 나오는 울림으로 크게 웃는 것이다. 그렇게 정신없이 누워 손발을 흔들며 웃다가 어느 순간 손발을 툭 떨어뜨리고 3분 정도 내 몸에 흐르는 전기를 느낀 뒤 천천히 일어나 "나마스테" 인사하고 마무리하면 몸이 훨씬 개운해진다. 나는 업무를 하기 전 폭소 요법으로 업무를 위한 준비를 하곤 한다.

그런 내 모습을 보면서 슬며시 자기 방문을 닫는 큰아들은 무시한다. 신입교육 때 점심 먹고 와서 함께 이 동작을 하도록 하면 처음엔 어색해하다가 서로 보고 웃느라 졸음은 저만치 달아난다. 집에서 업무를 시작하기 전에 폭소요법을 한번 해보자. 순간적으로 얼굴이 발개지면서 가슴이 두근거림을 느끼게 된다.

나를 위한 명품백

P교사는 한 달에 한 번 자기 자신을 위해 선물을 한다. 평소에 가지고 싶던 명품백이나 비싸서 먹지 못했던 스테이크 요리도 혼자서 주문해 먹는다. 한 달 동안 열심히 일한 자신에게 스스로 보상을 주면 다음 달에도 열심히 일할 수 있는 힘도 생기

고 욕심도 생긴다고 한다.

손이 유난히 예쁘던 D교사는 월급날이면 네일아트를 꼭 받으러 가곤 했다. 그러다보니 자연스레 자신도 네일아트에 관심을 가지게 되어 자격증까지 취득했다. 지금은 교사 일을 그만두고 적성에 맞는 일을 찾아 행복해한다. A교사는 친정아버지 칠순에 맞춰서 해외여행을 다녀오시라고 거금을 쾌척했다고 한다. 너무도 자신을 대견해하는 아버지 모습에 일에 대한 자부심도 커졌다고 한다.

30분의 낮잠을 즐겨라

재택근무자의 오전은 정신없이 흘러간다. 남편은 출근, 아들은 등교를 시킨 다음 설거지와 청소를 하고 운동도 부리나케 다녀와야 한다. 오는 길에 장을 보고, 아이들 오기 전에 간식 준비, 저녁 준비 등을 하고 나면 금방 점심 먹을 시간이다.

간단하게 점심을 차려 먹고 나면 졸음이 스멀스멀 몰려오기 시작한다. 회사에 있다면 이때만큼 괴로운 것도 없겠지만 우리는 재택근무자가 아닌가. 30분 정도 타이머를 맞춰두고 낮잠을 자면 본격적으로 시작되는 오후 근무에 집중력과 활력을 더할 수 있어 도움이 된다. 일을 할 때 나의 상태를 최상으로 만드는 것이 오래 일하는 저력이다.

4장

연봉 4천만 원 버는
재택근무자로 성공하는 법

재택근무를 할 땐 일에 있어 자신이 CEO라는 마인드가 있어야 한다.
어떻게 하면 내가 일을 잘할 수 있을지, 더 많은 고객과 오래갈 수 있을지
계속 생각한다면 차별화된 운영노하우를 만들 수 있다.

똑똑한 재택근무자는
사후관리가 꼼꼼하다

• • •

    4.5평의 약국으로 시작해 3년 만에 200배 성장을 거둔《육일약국 갑시다》저자 김성오는 손님의 뒷모습을 바라보면서 항상 세 가지 생각을 했다고 한다. 먼저 '이 손님이 오늘 나를 통해 만족했을 것인가', 둘째, '다음에 다시 올 것인가', 마지막으로 '다음에 다른 손님을 데리고 올 것인가' 하는 세 가지다.

선불과 후불의 차이

    자주 이용하는 H사우나가 있다. 이 사우나의 때밀이 아줌마는 섬세한 손길로 탕 안에 앉아 있는 단골 아줌마들과 주거니 받거니 맞장구를 쳐가면서 빠른 손놀림을 자랑하셨다. 나도 그

아줌마에게 종종 몸을 맡기곤 했다.

오랜만에 H사우나를 찾았던 날, 내부수리 중이라 길 건너 B
사우나를 가게 되었다. H사우나보다 규모와 시설이 좋은 편이
었다. 때밀이 아줌마도 네 명이나 되었다. 그러나 선불인 데다 H
사우나보다 2천 원이 더 비쌌다. 그래도 비싼 값을 하려니 하며
돈을 냈다. 때밀이 아줌마에게 때를 밀어달라 하니 30분 동안
몸을 충분히 불려서 오라고 한다. 그래서 30분 후에 몸을 불려
갔더니 아줌마들이 보이지 않았다. 10분을 더 기다렸으나 오지
않았다. 결국 쉼터까지 찾아가 30분 후에 오라고 해서 갔는데
왜 계시느냐고 하니 한참 이야기꽃을 피우면서 간식을 드시고
계시던 한 분이 "금방 가요" 말한다. 선불이랍시고 잡아놓은 물
고기 취급을 하는 것 같아 기분이 별로 좋지 않았다. H사우나
아줌마의 손길이 그리웠다.

꼼꼼한 교사는 사후관리를 잘한다

학습 사이트의 상담교사는 무료 체험으로 들어온 회원에게
학습콘텐츠와 맞춤형 학습방법을 알려주고 회원의 부모에게는
학습정보와 왜 아이가 온라인학습을 해야 하는지 상담을 해준
다. 또한 학습이 부담스럽지 않도록 쪽지나 아바타를 활용해 재
미를 느끼게 해주고 생방송 화상수업을 통해 공부를 도와주는

역할을 한다.

그렇게 충분히 학습을 체험해본 뒤 필요에 따라 정회원으로 전환을 하게 된다. 열심히 관리하고 가르친 아이가 가입으로 이어져 계약을 하게 되었을 때의 전율 때문에 상담교사를 계속한다는 교사도 있다. 물론 가끔 컴플레인이 오는 경우가 있다. 무료 체험 기간에는 매일 전화해서 이것저것 친절하게 해주고 궁금한 것도 바로 답변을 주더니 왜 가입을 하고 난 뒤엔 답변도 없고 전화 한 통도 없느냐고 말이다.

가입을 하면 학년별로 지도교사가 3일 안에 배정이 된다. 늦어질 경우 일주일 정도 소요될 수 있다. 회원의 부모 입장에서는 서운할 수도 있다. 이런 교사는 B사우나의 때밀이 아줌마처럼 잡아놓은 물고기라는 마음으로 회원을 대했을 수 있다. 가입했으니 이제는 내 손을 떠났다는 생각에 관리를 하지 않는 것이다.

꼼꼼한 교사는 회원이 가입한 다음 날 약속을 잡아 아이가 학습을 잘할 수 있도록 방법을 알려주고 자기주도학습 다이어리를 작성해준다. 온라인학습의 특성상 가입 후 3개월이 가장 중요하다. 진도가 너무 빨리 나가 학습에 부담이 되지 않도록 진도 조정에도 신경을 쓴다.

그리고 회원 부모와 상담을 마무리할 때쯤 상담교사를 추천할 경우 돌아오는 혜택을 말해준다. 회비 할인 혜택뿐만 아니라 아이가 좋아하는 과학도서를 챙겨줄 테니 연락처를 잘 저장해달라고 말한다. 상담을 받은 회원 부모는 친절하고 성의 있는 선생님의 태도와 본인이 가입한 학습을 신뢰하며 다른 학부모에게도 추천을 해주는 경우가 많다.

정성을 다한 노력은 언젠가 나에게 부메랑처럼 돌아온다. 내가 투자한 시간의 몇 배가 다시 돌아온다 생각하자. 정회원으로 전환되고 난 뒤, 사후관리를 꼼꼼하게 하는 습관이 중요하다.

지금 일하고 있는 회사가 최고다

• • •

나는 내가 지금 일하고 있는 온라인학습 사이트가 초등학생들에게 가장 이상적인 학습 사이트라고 생각한다. 초등 온라인 학습 사이트로서는 최초이며, 콘텐츠가 우수하고 저렴한 가격으로 모두가 부담 없이 이용이 가능하다. 무엇보다 학년별로 지도교사가 탄탄하게 관리하고 양질의 수업을 해주면서 자기주도 학습이 가능하도록 도와준다.

만약 내가 다른 학습 사이트에서 일하고 있다면 그 학습 사이트가 최고라고 말할 것이다. 그리고 왜 최고인지 장점을 나열할 것이다. 결국 학습의 최종 선택은 회원 즉 고객이 하는 것이다. 고객을 계약으로 이끄는 힘은 바로 설득이다. 그리고 설득의 힘은 내가 몸담고 있는 회사가 최고라고 생각하는 것에서 출발한다.

내가 있는 곳이 최고라는 마음으로

어떠한 이유로 회사를 옮기든 몸담았던 회사에서 충실했던 사람은 다른 곳에 가더라도 성공할 가능성이 크다. K교사는 우리 회사에서 4년간 성실하게 근무했다. 그러다 새롭게 등장한 초등 사이트에 좋은 조건으로 이직할 수 있는 기회가 찾아와 그만두었다. 퇴사를 앞두고 있는 교사들은 대부분 흐지부지 마무리를 하는데, K교사는 마지막까지 최선을 다해 근무를 해주었다. 새롭게 옮긴 직장에서도 성실함과 따뜻함을 무기로 지금까지 잘하고 있는 것을 보면 퇴사의 아쉬움은 벌써 사라지고 없다.

C교사는 현재 보험 관련 업무를 재택근무로 하고 있다. 육아 문제로 잠시 일을 접었다가 다시 재택근무를 알아보면서 새로운 분야로 진출했다. 전화로 상담하는 일이 주요 업무라 전에 일했던 경험이 큰 도움이 되었다고 한다. 항상 상대방의 마음을 헤아리면서 성실하게 일하던 교사였다. 지금도 옮긴 회사에서 꾸준한 실적으로 인정받고 있다.

요즘 정년까지 보장되는 직장은 드물다. 실력을 닦아두지 않으면 경쟁에서 뒤처질 수밖에 없는 구조이기 때문이다. 현재 내가 몸담고 있는 회사에서 배울 수 있는 것을 최대한 뽑아내어 체력을 키워야 한다. 장기 비전을 가지고 달려 나가되 중간에 나를 더 성장시킬 수 있는 길이 있다면 갈아타는 것도 방법이다.

물론 너무 자주 갈아타다 보면 빈손일 가능성이 크기 때문에 현재 몸담고 있는 회사에서 나의 몸값을 만드는 노력이 필요하다. 늘 자신이 일하고 있는 회사가 최고라고 생각하고 최선을 다해 일할 때, 또 다른 기회가 찾아오고 다른 곳에서도 실력을 발휘할 수 있다.

긍정적인 마음이
길을 만든다

• • •

나는 운이 좋은 사람이다

경력단절 주부였던 내가 재택근무를 하게 되었고, 이로 인해 제2의 터닝포인트를 맞았다. 교사로서도 성공했고 관리자가 되어 좋은 교사들과 함께할 수 있었다. 나는 항상 새로 맞이하는 교사들에게 이렇게 얘기한다.

"선생님은 운 좋은 파트에 들어오신 거예요. 제가 엄청 운이 좋은 사람이거든요. 점을 보러 가도 저한테는 볼 것도 없다고 하면서 가라고 손사래를 쳐요. 저랑 함께 일하면 좋은 일만 있을 테니 우리 재미나게 일해보자고요!"

슬기로운 엄마는 태몽을 꾸지 않아도 "커다란 용이 여의주를 입에 물고 하늘로 솟아 올라가는 꿈을 꾸었다"면서 자식에게 성공의 기운을 준다. 나 역시 가보지도 않은 점집을 얘기하며 교사들의 사기를 북돋워준다.

좋은 기운이 불러오는 힘

일을 잘하는 교사의 공통점은 긍정의 기운이 가득하다는 점이다. 힘든 상황이 닥치면 부정적 생각을 몰아내고 방법을 찾기 위해 노력한다. 변명과 이유부터 찾지 않고 어떻게 하면 해낼 수 있을지 먼저 생각한다. 그리고 기운을 주위에 전파하며 파이팅을 외친다. 물이 절반 정도 들어 있는 컵을 보면서 '물이 아직 반이나 남았으니 지금부터 다시 시작하자'는 마음으로 해보려고 하는 사람이다. 그리고 본인만의 노하우를 만들면서 성장하는 사람이다. 웃음을 잃지 않으며 현재에 감사하는 마음을 간직한 사람이다.

H교사는 본인의 급여에 항상 40만 원을 더하여 생각한다고 한다. 본인이 회사에 출퇴근하며 일했다면 교통비부터 옷값, 화장품값에 퇴근 후 술값까지 들었을 텐데 재택근무는 그런 비용이 들지 않기 때문이라고 했다. 힘들 때는 컴퓨터 앞에 붙여놓은 일을 해야 하는 10가지 이유를 다시 읽어본다고 한다.

내가 일을 하는 10가지 이유

첫째, 아이들에게 멋진 엄마의 모습을 보여줄 수 있다.

둘째, 부모님에게 당당하게 용돈을 드릴 수 있다.

셋째, 나는 선생님이다.

넷째, 우리 아이들에게 교육적으로 많은 도움이 된다.

다섯째, 남편 서재를 만들어줄 것이다.

여섯째, 오전에 헬스장을 다니면서 몸무게를 줄여 55사이
즈를 입을 것이다.

일곱째, 매달 적금 100만 원을 붓고 있다.

여덟째, 5년 후에 유럽 여행을 갈 것이다.

아홉째, 나로 인해 변화하는 아이들이 있어 행복하다.

열째, 재택근무가 나한테 딱 맞는 근무 형태다.

지금 바로 내가 일하는 이유 10가지를 적어보자. 컴퓨터 앞에 붙여두고 힘들 때마다 큰소리로 읽고 나면 다시 일에 대한 열정이 솟아오를 것이다.

고액 연봉 버는 재택근무자의 남다른 목표관리

· · ·

베테랑 교사도 마감은 긴장되고 힘들기 마련이다. 한 달 동안의 결실이 마무리되는 날이기도 하고 최종적으로 급여의 구간이 결정되기 때문이다. 가입 한 건으로 인센티브가 달라지고 휴회 한 건으로 최종 급여가 달라진다.

S교사에게는 매달 마감 일이 다음 달을 준비하는 날이다. 이미 당월의 마감을 마무리해두었기 때문에 마감 일은 다음 달을 위한 준비와 계획을 위해 활용한다. 마감을 숨 가쁘게 하다 보면 다음 달 월초가 망가지는 경우가 많다. 가장 이상적인 목표관리는 월 목표를 세우고 주간 목표, 일 목표를 순서대로 맞추어 달성하는 것이다. 마감 주에 몰아서 목표관리를 하다 보면

기운이 빠진다. 다음 달에 관리해야 할 회원들까지 가불로 가입을 해서 월초 목표가 되지 않는다. 또다시 마감에 몰아서 해야 하는 악순환이 이어지게 마련이다.

S교사는 주차 목표를 집중적으로 관리한다. 수요일엔 중간점검을 통해서 50% 달성을 위한 업무계획을 세우고 거기에 맞춘 활동을 하려고 한다. 금요일엔 한 주를 마감하는 주차 목표를 반드시 100% 달성하겠다는 의지를 가지고 집중한다. 회사에서 진행되는 시책은 본인의 목표달성을 위한 징검다리로 활용하면서 동기부여로 삼는다. 이렇게 주차 목표를 중심으로 월 목표를 마감 전날에 마무리하다 보니 본인만의 업무 프로세스가 만들어졌고 지금까지 꾸준하게 이어오고 있다.

최대 효과를 내는 시간관리

목표관리가 잘되어 있는 교사는 하루의 시간관리가 철저하다. 집중하는 시간을 정해서 그 시간만큼은 지키려고 노력한다. 본인만의 업무 프로세스가 있어서 동선이 정해져 있기 때문에 우왕좌왕하지 않고 집중력 있게 일할 수 있다.

인생은 시간이라는 그릇에 담긴 내용물이다. 시간관리에 성공하면 인생관리도 성공하기 마련이다. 시간을 나타내는 고대 그리스어 가운데 '크로노스(Cronos)'와 '카이로스(Kairos)'가 있다.

일반적으로 크로노스는 객관적인 시간으로 1초, 1분, 한 달, 1년 등이 포함이고 누구에게나 동등하게 주어진다. 반면 카이로스는 어떤 일을 하는 데 있어 최선의 시간, 즉 적절한 기회를 뜻한다. 가장 효과적인 결과가 나올 수 있도록 카이로스로 인식하는 것이 중요하다. 가장 최대의 효과를 내기 위해서는 오늘 해야 할 일(TO DO LIST)을 우선순위로 적고 소요시간을 계산해서 반드시 점검하고 완료하는 습관을 가져야 한다.

꿈을 적으면 이루어진다

우리는 연말이면 한 해를 아쉬워하면서 새해에는 뭔가 달라지겠다는 마음가짐으로 정성스럽게 바인더를 고른다. 하지만 당당하게 열심히 세웠던 계획은 작심삼일로 끝나 버리는 경우가 많다. 그래서 어떤 책에서는 작심삼일에 작심삼일을 계속 이어서 하다 보면 어느 순간 꾸준한 습관이 생겨서 도움이 된다고 얘기하기도 한다. 그러니 작심삼일 전략을 가지고 한 주의 중간에 다시 계획을 세우는 것도 나쁘지 않다고 한다.

대부분의 사람들은 뭔가를 계획해야 한다고 느낄 때만 계획을 한다. 한 해를 시작할 때 뭔가 달라져야 할 것 같아서 한다거나, 휴가계획이나 시험계획 등 일정한 기간이 정해져 있는 단편적인 계획을 세울 때가 많다. 하지만 인생에 있어 앞을 내다 보면서 달려 나갈 수 있는 비전과 꿈이 있는 사람은 하루가 조금 더 다르게 보인다.

우리는 한정된 공간 안에서 일하기 때문에 바람에 흔들리는 갈대처럼 감정기복이 심하고 스스로 제어하지 못하는 경우가 많다. 그럴 때마다 나를 지탱해주고 잡아주는 꿈이 있다면 다시 일어설 수 있는 버팀목이 될 수 있다.

그레그 S. 레이드는 "꿈을 날짜와 함께 적어놓으면 그것은 목표가 되고, 목표를 잘게 나누면 그것은 계획이 되며, 계획을 실행에 옮기면, 꿈은 실현된다"고 말한다. 바인더 노트 제일 앞장에 나의 꿈 리스트를 적어보자. 하고 싶은 일, 가고 싶은 곳, 갖고 싶은 것, 되고 싶은 모습, 나누어 주고 싶은 것 등 언제까지 달성하겠다는 기간을 같이 적어두면 좀 더 구체적으로 다가올 수 있다.

예를 들어, 패러글라이딩을 하고 싶다면 산이 단풍으로 물든 11월 초에 계획을 잡고 미리 예약을 하거나 정보를 수집할 수 있다. 그리고 패러글라이딩 사진을 붙여두고 설렘과 기대를 느끼며 일한다면 더 즐겁게 일할 수 있다.

바인더는 펼쳤을 때 일주일이 한눈에 보이면서 속지를 자유롭게 넣고 뺄 수 있는 링 모양이 사용하기 편하다. 한 주간의 계획이 보이고 시간대별 계획을 구체적으로 적을 수 있는 속지를 선택해 꾸준히 사용하면 업무의 틀이 잡히고 효과적인 시간관리와 목표관리가 가능해진다.

'15 대 4'라는 법칙이 있다. 일을 하기 전에 15분 동안 하루의 계획을 세우면 네 시간이 절약된다는 말이다. 시간을 낭비하지 않으려면 미리 하루의 계획을 꼼꼼하게 세우는 것부터 시작하라. 마감 일을 정신없이 숨 가쁜 날로 만들지, 다음 달을 여유롭게 계획하는 날로 만들지는 하루 계획을 어떻게 세우느냐에 달려 있음을 명심하자.

프로처럼
상담하는 법

• • •

　재택근무는 전화를 통한 상담활동이 가장 큰 비중을 차지한다. 그 활동으로 상담기록을 작성하고 회원 관리를 하기 때문에 콜 업무는 매우 중요하다.

　비즈니스에서 첫인상은 매우 중요하다. 따라서 사람을 만날 땐 비즈니스의 기본 요소 '인사', '웃는 얼굴', '경청', '용모'가 조화롭게 잘 이루어져야 한다.

　전화를 통한 상담의 기본 요소에는 어떤 것이 있을까. 먼저 웃음 띤 목소리가 가장 기본적인 요소다. 회원 관리를 하던 교사 시절, 유난히 회원 부모들과 부딪치며 힘들어하던 날이 있었다. 평상시에는 그냥 넘어가도 될 일인데 따지고 짜증을 내는 통에 컴플레인이 오기 직전까지 다다랐다. 간신히 전화를 끊고 나서 거울 속의 내 표정을 보게 되었다. 오만상이었다. 생리가 시작된 첫날이라 몸도 안 좋고 기분도 안 좋았다. 아픈 것을 참고 상담했더니 기분이 고스란히 전화선을 타고 상대에게 전달된 것 같았다.

수화기 너머 상대가 나의 얼굴을 보지 못한다 해도, 나의 기분은 목소리를 통해 자연스레 전달된다. 그래서 나는 지금도 상담을 하기 전에 책상 위 거울을 보며 표정을 확인한다. 그리고 고객에게 항상 친절한 태도를 유지하기 위하여 내가 세운 법칙을 기억한다. 이 5가지 법칙은 주변 동료 교사들에게도 유용히 사용되고 있다.

친절한 인상을 주는 5가지 상담 법칙

① **고객에게 전화를 건 목적과 이유를 먼저 말한다.**

바쁜 현대인들에게 시간을 할애해서 나의 얘기를 들어준다는 것은 쉽지 않다. 전화를 걸기 전에 정확한 목적과 이유를 생각하고 마음의 준비를 하는 것이 중요하다.

"안녕하세요? 초등 온라인학습 1위 와이즈캠프 ○○○ 교사입니다. △△△프로모션을 통해서 무료 체험과 월간지 증정 이벤트에 등록되어서 전화를 드렸습니다."

② 보이지 않는 미소를 판다.

전화로 건네는 말 자체가 인격이다. 전화 예절의 본질적인 가치는 보이지 않는 미소를 상대방에게 표출할 수 있는 능력을 지니는 데 있다. 나의 표정이 웃고 있는지 거울을 보면서 점검한다.

③ 사람을 움직이는 기법을 활용한다.

상대방의 얘기에 귀를 기울이면서 '맞습니다', '그렇군요'라며 맞장구를 쳐준다면 대화가 훨씬 매끄러워진다.

"맞습니다. 요즘 아이들이 정말 많이 바빠요."

④ 상대방이 한 말의 어미를 반복하라.

상대방의 이야기를 이해하고 있다는 것을 전할 수 있다.

"아, 학원으로 효과를 많이 보지 못하셨군요."

⑤ 다음 만남을 위한 예약상담을 한다.

예약상담은 양질의 회원을 만들 수 있는 중요한 부분이기 때문에 고객이 예약을 했을 때의 이점을 정확히 제시해주면서 정확한 요일과 시간을 정하는 것이 필요하다.

"다음에는 정회원만 가능한 특강을 특별히 열어드릴게요. 수요일 7시 전화 통화 어떠세요?"

"월간지가 잘 도착했는지 다시 확인차 연락드릴게요. 목요일 이 시간대가 편하신가요?"

인간심리 중에는 내가 받은 것을 돌려주고 싶은 상호성의 법칙이 있다. 이 법칙을 상담에도 잘 활용하면 좋다. 내가 받은 친절한 상담과 좋은 경험은 다음 예약상담에서 계약회원을 많이 확보할 수 있는 동력이 된다.

상담을 잘하는 교사는 전문적인 상담을 위해 매일 아침마다 신문을 본다. 대부분 인터넷에서 정보를 받지만 하나 정도 신문을 구독해서 필요한 내용은 스크랩을 하거나 상담에 활용하기 위해 컴퓨터 앞에 붙여둔다.

요즘 초등학생 자녀를 둔 부모들은 인터넷의 영향으로 여러 가지 정보를 많이 알고 있다. 하지만 깊지 않고 얕기 때문에 조금만 더 깊이 들어가면 바로 꼬리를 내린다. 상담을 잘하는 교사는 반론 상담에도 자신감이 있다. 이 상품을 통해 변화될 모습을 보여주며 설득하는 것이 좋다. 상담을 잘하는 교사를 보면 고객의 반론에 왜 이 상품을 선택해야 하는지 다양한 비유를 들어서 알기 쉽게 풀어준다. 그중에 몇 가지 예시를 가져왔다.

반론 1. 지금도 하고 있는 게 많아서 다른 학습은 필요 없어요.

아이에게 필요한 것은 많은 학습지가 아니라 아이가 지금 시기에 가장 필요한 학습지라고 말한다. 그리고 그것이 바로 △△라고 자연스레 소개한다.

"네 어머니, 우리 아이 학습하는 거 많죠. 우리 ○○뿐 아니라 많은 초등학생들이 사교육을 많이 하고 있어요. 하지만 어머니, 아무리 좋은 약도 많이 먹으면 오히려 몸에 해가 되기 때문에 정확한 처방에 따라 먹어야 하잖아요?

지금 하고 있는 학습도 좋은 점이 있겠지만 우리 아이에게 정말 필요한 학습이 무엇인지 제가 상담해드릴 테니 편하게 무료로 받아보시고 결정해보세요."

반론 2. 온라인학습이 정말 필요한가요?

공부는 역시 지면학습으로 해야 할 거 같은데요.

여기서 포인트는 시대가 바뀌었다는 걸 알려주는 것이다. 과거의 방법만을 고수할 수 없다. 오래된 것이 다 좋은 것은 아니라는 사실을 인지시키자.

"저희 어릴 때는 문제집 많이 푸는 걸로 충분했죠? 지금은 시대가 많이 변했어요. 저희 어릴 때 생각해보세요. 집전화로만 연락을 했었잖아요. 몇 년 전에 스마트폰으로 쇼핑도 하고 텔레비전을 볼 줄 알았나요? 지금은 학교에서도 전자책으로 공부하고, 알림장도 홈페이지 게시판에서 볼 수 있잖아요. 요즘은 물론이고 앞으로도 온라인학습은 꼭 필요해요. △△ 하시면 온라인학습은 물론이고 지면학습도 추가비용 없이 사용하실 수 있어요."

반론 3. △△ 말고 ☆☆이 더 좋다는데 비교해보고 결정할래요.

상담자에게 남들이 좋다고 하는 것보다 나에게 꼭 맞는 것을 골라야 한다고 말해준다.

"우리 아이 학습은 우리 아이에게 맞는 걸 시키셔야 해요. 예를 들어 안경을 맞출 때 디자인도 중요하지만, 무엇보다 내 눈에 맞는 게 중요하잖아요. 도수가 정확해야 하고, 디자인도 내 얼굴에 맞아야죠.

△△에는 담임선생님이 우리 아이에게 맞춤 학습지도를 해주고 있답니다. 우리 아이가 공부를 잘하고 있는지, 부족한 부분은 어떻게 하면 되는지 선생님이 맞춤 솔루션을 제공하고 있어요. 옆집 아이가 무엇으로 공부하느냐보다 우리 아이가 공부를 잘하고 있느냐를 보셔야 해요. △△에서 아이에게 딱 맞는 맞춤교육을 하세요."

반론 4. 아이 아빠랑 의논해보고 결정할게요.

상담자의 이야기를 공감하면서도 아이 학습은 실제로 학습을 관리하는 어머님의 선택이 중요하다는 걸 강조한다.

"우리 아이랑 관련된 건데 당연히 아버님이랑 의논하셔야죠. 하지만 어머니, 학습을 하는 주체는 우리 아이이고, 실제 옆에서 관리하는 분은 어머니시잖아요. 어머니가 저와 상담하면서 △△△가 좋다는 것을 아셨는데, 학습에 대해 직접 관여하지 않으시는 아버님께 결정을 맡기시는 건 맞지 않죠.

아버님과 의논을 하시더라도 결정은 어머님이 하시는 게 맞아요. 저는 애 아빠가 집안일 도와준다고 설거지라도 해주면 싫지는 않은데 꼭 한 번 더 손이 가고 번거로운 게 있더라구요. 아이 학습에 관해서는 저와 어머님이 전문가예요. 꼭 결정은 어머님이 하셔야 합니다."

나만의 대본을 만들어라

● ● ●

블로그를 운영하는 P교사는 매일 새로운 교육정보를 업데이트하는 시간이 정해져 있다. 오전에 신문이나 인터넷 검색 등에서 뽑아온 교육정보나 회사 자료실에서 받은 이벤트 공지, 교사 할인쿠폰 등을 올려둔다. 처음엔 시간이 많이 소요되고 블로그를 통해 들어오는 회원도 미비해 그만둘까 생각했다고 한다. 하지만 1년은 해보자는 마음으로 시간을 정해 꾸준히 업데이트를 했더니 어느새 방문자 수가 늘어나 게시물에 정보를 올려주어 고맙다는 댓글이 달렸다고 한다. 교사 할인 쿠폰을 통해 무료 체험 회원을 확보한 뒤 가입으로 이어지게 하면서 추가수입도 생겼다.

전화 상담은 스크립트가 제일 중요하다

몇 년 전 〈선덕여왕〉이라는 드라마가 인기리에 방영된 적이 있다. 악행을 일삼는 미실 역을 배우 고현정이 연기했었다. 내용도 좋았지만 고현정의 소름 끼치는 연기력이 매번 이슈였다. 대본에 저런 다양한 표정과 행동 패턴을 지문으로 적어두지 않았을 텐데, 그녀의 대본 소화력이 대단하다는 생각이 들었다. 평범한 대본에 고현정의 섬세한 연기가 입혀지면서 새로운 미실이 탄생하게 된 것이다.

전화 상담도 마찬가지다. 기본적인 전화 교안은 나눠 주지만 그걸 소화하는 능력은 오직 나에게 달려 있다. 신입 강의 때 기본 스크립트를 나눠 주면서 적어도 100번 이상 큰 소리로 읽어보라고 한다. 그리고 나만의 스크립트를 만들기 위해 선배교사의 녹취를 듣거나 본인의 녹취를 꾸준히 들어보라고 한다. 전화를 통한 상담은 전달력이 무엇보다 중요하다. 말이 너무 빠르지 않은지, 목소리의 강약을 적절하게 활용하는지, 상대방의 질문에 정확한 답을 하고 있는지, 전달하고자 하는 내용의 핵심을 파악하고 있는지 확인해야 한다.

홈쇼핑 방송은 다양한 멘트를 연구할 때 도움이 된다. 쇼호스트는 정해진 시간 안에 최대한의 물건을 팔아야 인정을 받기 때문에 이런 멘트들을 가장 많이 애용한다.

"오늘 이 구성은 마지막 방송입니다. 다음에는 이 구성을 볼 수 없습니다."

"백화점과 동일하게 출시된 제품입니다. 백화점에서 하나 살 가격으로 세 벌을 가져갈 수 있는 마지막 날입니다."

"전화 폭주로 상담원 연결이 어렵습니다."

왠지 지금 안 사면 후회할 것 같은 멘트를 해 전화기 버튼을 누르게 한다. 하지만 이런 멘트는 이제 식상하다. 이때 진화된 형태의 멘트를 하는 방송이 바로 왕영은이 진행하는 〈왕영은의 톡톡톡〉이다.

이 방송은 구성이 다양하고 사은품을 많이 챙겨준다거나 가격이 저렴해 지금 꼭 구입해야 한다고 강조하지 않는다. 우선 상품에 대한 해박한 지식을 앞세운다. 역사와 문화까지 거론하면서 이 상품을 사면 마치 내가 귀족이 된 듯한 착각을 하게 만든다. 중간에 구연동화를 하듯이 다양한 예를 들어가면서 실감 나게 표현한다.

"이 그릇이 얼마나 단단했으면 영국 본사로 고객이 편지를 보냈다고 합니다. 그 지역에 지진이 나서 접시들이 와르르 떨어졌는데, ○○만 깨지지 않아서 너무 감사했다고요."

그러면서 중간에 한 템포씩 쉬었다가 그 여운을 살려 강하게 다음 멘트를 잇는다.

"○○는 80% 이상 수작업으로 진행이 되기 때문에 그림 하나하나 장인들이 수를 놓듯이 작업을 하고 있습니다. 저 '왕톡'은 고객님께 최상급만 보여드립니다. 정성스럽게 만든 이 ○○를 집에 들여 놓는 순간 가슴이 설레면서 핸드메이드의 정수를 느끼실 거예요."

그리고 절대로 사은품을 미리 진열하지 않는다. 커다랗고 예쁜 박스를 옆에 두고 하나씩 하나씩 사은품을 꺼내 보여주면서 〈왕영은의 톡톡톡〉이기에 가능한 부분이라고 강조한다. 상술 같지 않게 접근하면서 상품을 사는 사람들에게 가치를 부여하게 하는 멘트가 고급스럽게 느껴진다.

연봉 4천만 원을 버는 교사는 일을 대하는 방법이 다르다. 일을 대하는 방식이 능동적이며 적극적이다. 또한 자기만의 대본을 만들면서 내가 전하는 내용의 가치를 충분히 전할 수 있도록 끊임없이 배우고 익힌다. 그래서 전화선을 타고 넘어가는 목소리는 여유롭지만 힘이 넘치고 자신감이 배어 있다.

CEO 마인드로 일해야 CEO만큼 벌 수 있다

• • •

퇴직금과 대출금으로 나만의 가게를 마련했지만 경기 침체와 경영 부실로 임대료도 내지 못하고 문 닫는 자영업자들이 점점 늘어나고 있다. 주말과 휴일까지 반납하고 열심히 일했으나 매출이 턱없이 부족하여 가게 임대료도 내지 못해 노후 자금까지 손을 대는 사람들도 많다. 너무나도 슬픈 현실이다.

대부분 재택근무자들은 개인 사업자다. 그러나 편의점이나 카페처럼 자본금이 들어가지 않는다. 매달 임대료도 내지 않는다. 재료비도 들지 않고 인테리어 비용도 들지 않는다. 집에 컴퓨터만 갖추어져 있으면 그게 곧 사업장이기 때문이다.

회사에서 제공하는 각종 교육이나 자료를 무상으로 지원받고 회사 비용으로 만든 DB(회원)를 잘 관리해서 계약(수업)하면 수수료까지 받을 수 있다. 전 재산을 저당 잡힌 채 레드오션에 뛰어드는 것보다 비용이 들지 않는 나만의 사업장을 찾아보는 것이 이 시대를 살아가기 위한 현명한 선택일지 모른다.

CEO처럼 일하기

재택근무자는 한 회사에 종속되어 있기는 하지만 1인 CEO로서 마인드를 가지고 일을 해야 한다. 성공하는 사람들은 모두들 CEO 마인드를 가지고 출발한다. 아르바이트생은 눈이 내려도 사장이 시켜야 눈을 치우지만 주인은 눈이 내리기 무섭게 치운다.

나는 똑같은 DB를 주더라도 두세 배로 회원을 늘리기 위해 노력하고, 배정받은 회원들에게 최상의 교육 서비스를 제공하려고 노력한다. 나는 1인 CEO이기 때문이다.

우수교사 간담회에서 만난 A교사는 회원과 오래도록 관계를 맺기 위해, 학부모를 대상으로 '부모님 방'을 만들어 화상수업을 진행하고 있었다. 온라인학습 사이트는 얼굴을 대면하는 방문학습지와 달라 회원과의 관계 형성에 자칫 소홀해질 수 있다. 따라서 화상수업을 통해 다양한 정보를 제공하며 담임교사로서 최선을 다하고 있다는 것을 보여주면 교사와 학부모 간 신뢰와 친밀도를 높일 수 있어 좋다고 한다.

또 아이들을 가르칠 땐 상위 그룹에 속하는 리더스 회원들만 따로 방을 만들어 특권을 누릴 수 있게 했다. 이는 리더스 회원에게 유용한 정보를 제공할 뿐 아니라 다른 아이들에게는 '리더스 회원'이라는 목표를 주어 공부에 대한 의욕을 더욱 고취시켰다.

재택근무를 할 땐 일에 있어 자신이 CEO라는 마인드가 있어야 한다. 어떻게 하면 내가 일을 잘할 수 있을지, 더 많은 고객과 오래갈 수 있을지 자꾸만 생각하다 보면 차별화된 운영노하우를 만들 수 있을 것이다.

재택근무는 퍼스널브랜딩을 하기에 좋은 조건을 가지고 있다. 퍼스널브랜딩이란 나만의 차별화된 콘텐츠를 찾은 뒤 나라는 존재를 브랜드화해 상대방에 브랜드 가치를 어필하는 것을 말한다. 퍼스널브랜딩은 개인의 기량과 강점을 한곳에 집중시켜 알릴 수 있는 방법으로 프리랜서뿐 아니라 직장인에게도 필수가 되었다. 나만이 가질 수 있는 콘텐츠를 찾아내고 발전시키고 알리기 위해 노력하다 보면 성공의 길이 보일 것이다.

무대에 오르는 재택근무자들

에버랜드 직원들은 자신들의 업종을 '서비스업'이 아니라 '인

류평화에 기여하는 일'이라고 여긴다. 그래서 에버랜드에 놀러온 사람들은 평화를 위해 에너지를 뿜어내는 직원들 덕분에 즐거워한다. 그들은 스스로 '캐스트' 즉 '배역'이라고 부른다. 그들에게 에버랜드는 '스테이지' 즉 '무대'인 것이다. 무대에 서는 것으로 하루를 시작하고, 자신이 맡은 역할을 멋지게 소화해낸다.

재택근무자도 비슷하다. 재택근무자 역시 무대에 오르는 사람이다. 수십 번 고치고 또 고쳐낸 대본을 들고 무대에 위에서 배역을 소화한다. 혼자 무대에 서기 때문에 외롭기도 하고, 혼자이기 때문에 눈치 보지 않고 무대를 즐길 수 있다.

내가 일하고 있는 회사의 개별 업무 총괄 시스템은 매니지(manage)라고 불린다. 이 안에서 회원의 관리 기록과 업무의 전반적인 상태를 한눈에 파악할 수 있다. 오늘 통화해야 할 회원은 누구인지, 오늘 어떤 활동을 해야 하는지도 알 수 있고 쪽지나 화상도 점검할 수 있다. 신입 때는 너무 복잡하여 눈에 잘 들어오지 않는다. 그러나 시간이 지나면 매니지가 얼마나 일을 효과적으로 도와주는지 깨닫게 된다.

매니저로부터 스케줄을 보고받으며 무대에 오르는 연예인들처럼, 재택근무자들은 매니지로부터 오늘의 스케줄을 보고받는다. 그리고 각종 예능이나 드라마 대본을 받아 역할을 수행하듯 자신만의 대본을 바탕으로 고객들과 상대한다. 똑같은 대본을 받더라도 개인의 역량에 따라 무대는 달라질 것이다. 나의 무대에서 나만의 재미요소를 찾아 일을 해보자. 그렇다면 회원으로부터 앵콜을 받게 될 것이다.

5장

재택근무자,
관리자로 승진하라

인간은 현실에 만족하면 성공할 수 없다.
지금 위치보다 높은 목표가 있어야 열심히 일할 동기가 생긴다.
관리자로 승진하여 팀원들과 함께 더 높은 목표를 향해 가보자.

재택근무자로
관리자로 승진할 수 있다

• • •

　인간은 현실에 만족하면 성공할 수 없다. 지금 위치보다 높은 목표가 있어야 열심히 일할 동기가 생긴다. 처음 재택근무를 시작할 땐 교사로서 아이들을 잘 가르치고 회원을 관리하는 데서 성취감을 맛보았다. 그리고 올라가는 급여에 기쁨을 느꼈다. 점점 시간이 흐르자 회사의 시스템과 직급이 보였다.

　내가 다니는 회사는 교사, 강사, 연구교사, 파트장, 팀장, 본부장 순으로 직급이 올라갔다. 당시 나는 강사로서 충분히 인정받고 있었기 때문에 그다음 단계인 파트장에 도전해보기로 했다.

　4년 정도 교사생활을 하는 동안 관리자를 해보라는 제안이 몇 번 들어왔었다. 그러나 강사로서 집에서 혼자 편하게 근무하는 것과 달리 교사를 관리하는 일은 신경 써야 할 부분이 너무 많아 보였다. 내가 과연 관리자를 할 만한 역량이 있을지 의문이었고 두려움이 앞섰다.

그러나 어쩌면 지금이 바로 한 단계 올라갈 수 있는 기회일지도 모른다는 생각도 들었다. 나는 내 능력을 시험해보기로 했다. 마침 파트장을 모집한다는 공지가 올라왔다. 팀장님이 지원해보라고 지원서를 메일로 보내주었다. 지원동기와 앞으로의 계획을 꼼꼼하게 적으면서 조금씩 설렘과 의욕이 생겼다. 사장님과 최종 면담이 진행되던 날이었다. 사장님은 내게 "앞으로 어떤 관리자가 되고 싶은가요?"라고 질문했다. 나는 아직도 그 질문과 내 대답을 잊지 못한다.

"저에게 맡겨진 선생님들이 행복했으면 좋겠습니다. 우리 회사를 즐거운 일터로 생각할 수 있도록 노력하겠습니다. 한층 더 성장하고 만족스러운 급여를 받을 수 있도록 도와주는 관리자가 되겠습니다."

그렇게 나는 파트장이 되었다. 나에게 배정된 7명의 선생님들과 지지고 볶는 파트장으로 한 단계 성장하였다.

마음을 한 데 모으는 리더십

• • •

파트장의 사명감

관리자로 업무를 하니 전에는 보지 못했던 회사의 일면이 보이기 시작했다. 예전에는 내 목표만을 위해 달려왔다면, 이제는 나에게 배정된 교사의 목표와 함께 회사의 목표에도 신경 써야 했다. 한 명을 편애하지 않고 골고루 관심을 줄 수 있도록 신경 쓰고, 낯선 엑셀 프로그램을 능숙하게 다룰 수 있도록 연습해야 했다. 또한, 업무 특성상 회사의 복잡한 규정 싸움에서 밀리지 않으려면 더 열심히 공부해야 했다. 그래야 내 교사들에게 피해가 가지 않고, 교사들도 파트장을 믿고 갈 수 있기 때문이다.

어느 날, 봄맞이 야유회 행사가 있어 담당교사 참석 여부를 확인하라는 지시가 내려왔다. 교사들에게 일정을 전달하자 두 명이 불참 의사를 밝혔다. 한 명은 몸이 안 좋아 힘들다고 하고, 한 명은 아이 맡길 데가 없어서 갈 수 없다고 말했다. 두 명이 참석을 못 한다고 보고를 했더니 팀장님의 불호령이 떨어졌다.

"파트장님, 지금 그걸 보고라고 하나요? 어떻게든 참석하게 하셔야죠? 야유회 일정은 전부터 공지했었는데 교사들이 미리 그런 준비도 안 했다는 건가요?"

얼굴이 벌게져 어떻게 상황을 수습해야 할지 난감해하고 있는데, 전임 파트장이 두 명의 교사에게 전화를 걸어서 해결해주었다. 몸이 아픈 교사는 병원에 입원할 정도가 아니면 우선 참석한 후 힘들면 중간에 먼저 가도 된다고 말하고, 아이 맡길 데가 없는 교사는 아이랑 같이 참석하라고 했다. 그리고 교사들을 혼냈다고 한다.

"지금 선생님 때문에 유 파트장님이 얼마나 힘든지 아시나요? 파트장 된 지 얼마 되지도 않으셨는데 선생님이 도와주셔야지 이렇게 난처하게 하면 안 되죠."

전임 파트장에게 고맙기도 했지만 창피하기도 했다. 나와 교사 간에 신뢰감이 제대로 형성되지 않았다는 사실이 모두 드러

난 것 같아서였다. 나는 그날부터 파트장으로 제대로 서기 위해 새롭게 마음을 다잡았다.

단합하는 조직을 원한다면 파트명을 만들어라

우리 파트만의 단합을 이루기 위해 가장 먼저 시도한 것은 '파트명 짓기'였다. 교사들과 좋은 관계를 형성하기 위해 가장 필요한 것은 신뢰와 단합이다. 서로를 신뢰하고 단합하기 위해서는 서로 다른 성향의 교사들을 한데 뭉치게 할 결속력이 필요했다. 서로의 공통된 목표와 가치관을 공유하기 위해 우리 파트만의 이름을 짓기로 했다.

처음으로 만든 파트명이 바로 '명품파트'다. 당시 명품이라는 말이 유행이었기 때문에 기억하기도 쉬웠다. 내가 처음으로 맡은 파트인 만큼 교사들이 어디에서든 멋지고 당당한 '명품 교사'가 되기를 바란다는 뜻으로 지은 이름이다.

"파트명만 명품이면 안 되죠. 사람이 명품이 아닌데요."

그러나 안타깝게도 우리 파트의 실적은 계속해서 꼴찌였다. 팀장님이 나에게 툭 던진 저 한마디는 비수가 되어 꽂혔다. 하지만 나는 꿋꿋이 파트명을 바꾸지 않았다.

말이나 글로 자신의 생각을 공개하면 그 생각을 끝까지 고수하려는 경향이 있다. 이러한 심리가 바로 '공개선언 효과'이다. 따라서 우리는 '명품파트'라고 공개적으로 선언함에 따라, 거기에 맞는 행동에 대한 계획을 세웠고 이름에 걸맞은 파트가 되기 위해서 계속 노력했다.

7명의 교사들을 '칠공주'라는 애칭으로 불러가며 재미나게 일할 수 있도록 다양한 방법을 시도했다. 게시판에 유머 글도 올리고 재택근무자를 위한 자기관리법에 관한 글도 올렸다. 그리고 교사 시절 쌓아온 노하우도 공유하다 보니, 파트가 조금씩 성장하기 시작했다.

조직이 개편되면서 나는 또 다른 선생님들과 만나게 되었다. 영업파트만의 파워가 느껴지는 파트명을 고민하다가 만든 게 '최강최고파트'다. 두 개의 조로 나누어 '최강조', '최고조'라고 이름을 짓고 조장도 뽑았다. 조별시책도 활동 위주로 받을 수 있도록 정해 조금만 함께 노력하면 받을 수 있도록 하였다. 단체로 회식을 할 때면 우리 파트의 건배가 가장 떠들썩했다. 한쪽에서 "최강" 외치면 맞은편에서 "최고" 하면서 맞받아쳤다.

그다음 만난 파트의 이름은 '역동청마'였다. 이 이름은 교사들이 직접 만들었다. 미리 파트명을 생각해오라고 공지한 뒤 1월 미팅 때 생각을 공유하면서 의견을 물었다. 마침 60년마다 온다는 청마해를 기념해 올 한 해를 말처럼 달려보자는 의미를 담아 '역동청마파트'라는 이름으로 의견이 모였다.

가장 큰 성과를 냈던 '의기양양' 파트는 양띠 해에 재미와 더불어 일등 파트의 자존감을 표현하기 위해 지은 파트명이다. 그리고 올해 맡은 '난다~유' 파트는 훨훨 날아보자는 뜻으로 만들었다. 가만히 지난 파트명을 되짚어 보니 정말 이름대로 결과가 나온 것 같아 놀랍다.

얼굴을 보지 않아도 팀원들과 신뢰를 쌓는 법

• • •

'지피지기면 백전백승'이라는 말이 있듯, 상대를 제대로 파악해야 제대로 승부할 수 있다. 그러나 재택근무는 직접 얼굴을 보며 일하지 않기 때문에 상대를 정확히 진단하기 어렵다. 속내를 감추려 하면 얼마든지 감출 수 있다. 따라서 재택근무자를 관리하는 일은 회사 사무실에서 사람을 관리하는 일보다 훨씬 어려울 수 있다.

1박 2일로 교사 전체 워크숍을 간 적이 있다. 버스를 대절하여 함께 이동한 것이 아니라 지역마다 따로 출발해야 했기 때문에 최소한으로 짐을 줄여야 했다. 그런데 나보다 2년 선배였던 C파트장은 양손이 떨어져 나갈 만큼 어마어마한 짐을 들고 나타났다. 짐 보따리 속에는 직접 만들어 온 김밥, 간식, 커피 등이 들어 있었다. C파트 교사들은 환호성을 지르면서 좋아했다. 우리 파트 교사들이 부러워하는 게 보여 가벼운 내 양손이 부끄러웠다.

내가 조금 더 힘들더라도 우리 파트 교사들을 위해 마음을 쓸 때, 교사들 역시 마음을 연다. 나는 그때 직접 얼굴을 보고 일하지 않더라도 마음을 전하는 방법은 반드시 있다는 것을 깨달았다.

"원하는 것을 얻으려면, 먼저 상대방이 원하는 것을 얻도록 도와줘야 한다"라는 말이 있다. 내 목표만 바라보던 교사 시절 마인드에서 벗어나 내 파트에 속해 있는 교사를 배려하고 함께 성장하고자 생각을 바꾸면 교사 역시 나를 믿고 따르게 된다. 항상 교사들의 말에 귀를 기울이는 것이 관리자로서 교사와 소통하는 첫 번째 방법이었다.

두 번째 방법은 바로 '메신저'였다. 업무 특성상 가장 자주 사용하는 소통 도구는 메신저이다. 공지사항을 알리거나 업무를 지시하기 위한 창구이므로, 메신저는 제2의 얼굴과도 같은 역할을 한다. 그렇기 때문에 평상시 표정을 관리하는 것처럼 메신저상에서도 표현을 관리할 필요가 있다.

한 교사로부터 "파트장님, 혹시 저한테 화나신 거 있나요?"라는 메시지를 받은 적이 있다. 화난 것 없는데 왜 그러느냐고 물었더니 "메신저에 돼지꼬리(~)가 안 붙어서요!"라고 말했다. 일이 바빠 딱딱한 어투로 메신저를 보냈더니 마음 여린 신입교사가 자기가 잘못한 것이 있나 걱정을 했던 것이다.

메신저는 이처럼 이모티콘 하나에 느낌이 달라진다. 그러므로 조심스럽게 관리해야 한다. 가끔 파트 분위기가 안 좋을 때면 인터넷에서 유행하는 유머를 전체 메신저로 보내 함께 웃기도 하고, 난센스 퀴즈를 내 정답을 맞힌 교사에게 음료 쿠폰을 보내주기도 한다. 많이 힘들어하는 교사에게는 힘내라는 이모티콘과 함께 달달한 아이스크림도 보내준다.

우리는 얼굴을 맞대고 일하지는 않지만 메신저를 통해 마음을 전한다. 오히려 얼굴을 보지 않기 때문에 더욱 서로를 배려하고 응원을 전할 수 있는 듯하다. 우리는 출근할 때도 항상 메신저로 파이팅 넘치는 메시지를 주고받으며 하루를 시작한다. 얼굴을 보지 않더라도 마음을 주고받을 수 있는 방법은 얼마든지 있다. 얼굴이 보이지 않는다는 핑계를 대며 관리를 소홀히 하지 말자.

궁합이 맞지 않다면 억지로 불잡지 말자

• • •

궁합이라 하면 흔히 남녀 간의 궁합을 말하지만 세상에는 수많은 궁합이 있다. 예를 들어, 돼지고기와 새우젓은 함께 먹으면 간도 딱 맞을 뿐 아니라 새우젓이 돼지고기 안에 있는 단백질, 지방 등을 분해하고 소화시키는 작용까지 한다고 한다. 반면에 토마토와 설탕을 함께 먹으면 설탕으로 인해 토마토에 있는 비타민이 파괴된다고 하니 영양을 생각한다면 뿌려 먹지 않는 게 좋다.

이뿐만 아니라 직장 내 직원 간에도 궁합이 있다. 서로 성향이 잘 맞지 않아 사소한 일로도 트러블이 생기는 경우가 많다. 작은 불씨를 바로 진화하지 못해 걷잡을 수 없이 큰 화로 번지

기도 한다. 서로 얼굴을 맞대며 일하면 퇴근 후에 불러내 맥주라도 한잔하면서 풀 수 있는데 집에서 일하는 우리들은 감정이 쌓이고 쌓여 쉽게 풀리지 않는다.

세상에서 제일 힘든 관리가 바로 사람 관리다. 특히 서로 대면하지 않고 일하는 재택근무자들이 상대의 성향을 파악하여 내 편으로 만들기 위해서는 많은 시간과 정성이 필요하다. 나는 상담교사로 일하며 겪었던 고충을 바탕으로 이상적인 관리자의 모습을 그리곤 했다.

최대한 업무 스트레스를 받지 않도록 배려해주고, 공지사항을 발 빠르게 전달해주는 관리자. 현실과 부딪치는 규정을 딱딱 정리해주어 회원관리를 제대로 할 수 있도록 도와주는 관리자. 항상 긍정적인 기운을 불어넣어주고 교사를 성장시켜 원하는 급여를 받도록 도와주는 관리자. 바로 이러한 관리자가 내가 바라던 관리자의 모습이었다. 하지만 내가 관리자가 되어 보니 이상과 현실은 꽤 멀었다.

회사와 교사 간의 궁합

H교사는 안압이 높아서 두통이 잦고 전화로 상담을 오래 하면 증상이 심해졌다. 그래서 하루 업무시간이 다른 교사에 비해 많이 부족했다. 정기적으로 병원도 다녀야 했고, 병원에 다

136

녀오면 컨디션이 좋지 않아 회원관리를 제대로 하지 못했다. 회사에서는 H교사를 이대로 둘 수 없다며 미팅을 하라고 했지만 교사가 몸이 좋지 않아 힘들어하는데 계속 다그치는 것은 무리였다. 교사의 회원관리를 도와주면서 몇 달만 치료를 받으면 좋아질 거라는 믿음으로 기다렸다.

그런데 어느 날 퇴사를 하겠다고 통보를 하는 것이 아닌가. 이유는 돈이 부족하다는 것이다. 본인이 그동안 엉망으로 일했던 것은 생각하지 않고 파트장에게 미안하다는 말도 없이 다른 사이트로 가겠다고 하니 어이가 없었다. 더군다나 그 교사가 옮기겠다 말한 사이트는 시간대별 업무 체크가 있어 업무를 다하지 못하면 회원을 주지 않는 곳이었다. 교사에게 상황을 말해주니 본인이 알아서 하겠다고 한다.

속으로 얼마나 잘하겠나 싶어, 나중에 확인해보았더니 활동시간을 잘 맞춰가며 열심히 일하고 있었다. 머리를 얻어맞은 느낌이 들었다. 나는 그 교사에게 필요한 것을 제대로 파악하지 않고 오로지 힘든 점을 덜어줄 생각만 했었다. 그 교사에게 필요했던 것은 정이 아니라 돈이었다. 그 교사와 우리 회사는 궁합이 맞지 않았던 것이다.

얼마 후 신입교사가 들어왔는데, H교사가 근무 중인 사이트에서 옮겨 온 사람이었다. 해당 사이트를 그만둔 이유를 물어보

니 시간대별 체크가 들어와 아이가 와도 간식조차 챙겨줄 시간
이 없고 아파서 병원을 다녀왔더니 관리자가 회원을 빼버렸다
는 것이다. 배려보다 회사의 규정만 가지고 체크가 들어가는 게
너무 힘들었다고 한다. 결국 궁합이 맞는 회사는 따로 있구나
라는 생각을 했다.

체크리스트로
팀 업무 관리하기

• • •

줄탁동시(啐啄同時)

병아리가 알에서 깨어나기 위해서는 두 가지 행동이 동시에 이루어져야 한다. 먼저 알 속에 있는 병아리가 부리로 계속 껍질을 쪼아야 한다. 이를 '줄(啐)'이라 한다. 그리고 어미 닭이 밖에서 정확하게 같은 부위를 톡톡 쳐주어야 한다. 이를 '탁(啄)'이라고 한다. 이 두 가지가 동시에 이루어져야 비로소 답답한 알 속에서 사투를 벌이던 병아리가 껍질을 깨고 세상 밖으로 나오게 된다는 뜻이다.

신입교육 때 이 고사성어를 알려주면서 회사에서 진행하는 교육 프로그램의 중요성을 설명해준다. 회사는 교사의 성장을 위해 계속 어미 닭처럼 두드려줄 것이니, 교사는 알 속에서 병아리처럼 알을 깨려는 의지로 열심히 성장해달라고 말한다.

함께 성장하기 위해서는 같은 방향으로 함께 움직여야 최대의 결과를 가져올 수가 있다. 그렇기 때문에 내가 지금 어디를 쪼고 있는지 늘 생각해보아야 한다. 장님이 남의 다리를 긁듯이 애먼 데 힘을 쓰고 있을지 모르기 때문이다.

자신에게 맡겨진 교사들과 찰떡궁합을 만들려면 관리자는 무엇을 위해 노력을 해야 할까? 결국 관리자의 최종 목표는 원하는 급여를 받도록 도와주는 것이다. 따라서 관리자는 교사의 역량에 맞춰 성장할 수 있는 목표와 계획을 주고 지속적으로 관리해야 한다. 이때 관리자만 점검하는 것이 아니라 교사 스스로 점검하고 계획하는 것 또한 필요하다.

기초체력을 만들어줄 체크리스트

월드컵 4강 신화를 이룬 히딩크 감독이 선수들에게 가장 먼저 시켰던 훈련은 바로 기초체력 훈련이었다. 아무리 현란한 드리블 기술을 가지고 있더라도 전반전 45분, 후반전 45분을 쉬지 않고 달릴 수 있는 체력이 바탕이 되지 않으면 쓸모가 없기 때문이다.

교사들의 기초체력을 단련하기 위해 아이들과 매일 점검했던 체크리스트를 교사들과 함께 해보기로 했다. 우선 월초에 목표와 활동계획을 꼼꼼하게 세우고 지난달과 비교해 변하고 싶은 행동을 적는다.

교사마다 각기 다른 계획표를 A4 색지에 프린트하여 스마일 스티커와 함께 나눠 주었다. 그리고 매일 퇴근하면서 각자 체크리스트에 달성 여부를 확인하고 스티커를 붙인다.

날짜	요일	5시 30분 콜 보고 주 1회 녹취 듣기	6월에 꼭 해야 할 것	연장 1명 이상 준회원 만들기	하루 2시간 화상 2명
6월 12일	월				
6월 13일	화				
6월 14일	수				
6월 15일	목				
6월 16일	금				
합계					

그리고 다음 달 미팅 때 체크리스트를 함께 보면서 한 달 동안 이뤄낸 성과에 대해 칭찬하고 노하우를 공유한다. 그리고 목표를 제대로 달성한 교사에게는 피자 쿠폰이나 상품권으로 포상을 해주었다. 새로운 시도에 교사들도 재미있어했다. 월 계획을 먼저 잡고 주 단위, 일 단위로 쪼개어 관리하다 보니 하루하루 헛되이 보내지 않을 수 있었다고 한다.

재택근무자의
미팅은 화상으로

• • •

월요일마다 함께 파이팅

일주일에 한 번은 화상을 통해 얼굴을 보며 미팅을 한다. 새로운 일주일이 시작되는 월요일에 다 같이 얼굴을 보며 한 주의 마음가짐과 목표에 대한 미팅을 하는 것이다. 처음엔 간단하게 해야 할 일과 공지 위주로 전달을 했는데, 미팅이 거듭되자 점점 다양한 시도를 했다.

딱딱한 미팅이 되지 않도록 중간에 즉석퀴즈를 내고 맞히는 교사한테는 쿠폰을 날리는 등 재미있게 미팅을 진행했고, 한 주를 새로 시작하는 날이니만큼 가벼운 유머로 기운을 내거나 직업 마인드를 다질 수 있는 글귀를 음악과 함께 올리기도 했다.

교사들에게 가장 반응이 좋았던 글귀는 공지영의 《네가 어떤 삶을 살든 나는 너를 응원할 것이다》에 나오는 천사 미니 멜 이 야기다. 어느 누구도 아닌 나 자신으로서, 세상에 하나밖에 없는 원본으로서 남과 비교하지 않고 자신 있는 여자가 되자는 뜻으로 게시했던 글이다.

미니 멜은 천사들 가운데 가장 부족한 존재라고 생각하여 죽음까지 생각했던 천사다. 그런 미니 멜에게 신은 위로의 말을 전한다.

"세상에 피에타상이 수백만 개가 존재하고, 에베레스트 산이 수백 개 존재한다고 가정한다면 그것들은 더 이상 독창적이 않으니 절대적인 매력 또한 잃을 것이다. 나의 창조물들을 자세히 보아라. 어떤 눈송이도 똑같이 생긴 것이 없다. 나뭇잎이나 모래 알도 결코 똑같은 것이 없다. 내가 창조한 모든 것은 하나의 '원본'이다. 따라서 어떤 것으로도 대치될 수 없다.

나는 너 없이도 세계를 창조할 수 있었다. 그러나 만일 그랬다면 세계는 내 눈에 영원히 불완전한 것으로 보였을 것이다. 너를 미카엘이나 라파엘로 만들 수도 있었다. 그렇지만 나는 네가 너로서 존재하고 나의 고유한 미니 멜이기를 원한다. 태초부터 내가 사랑한 것은 남과 다른 너였기 때문이다. 너는 내가 오랜 세월에 걸쳐 꿈꿔온 유일한 미니멜이다."

재택근무를 하는 여성들은 자존감이 떨어지기 쉽다. 그리고 혼자 일을 하다 보면 직업 마인드를 잃어버리고 아무 사명감 없이 일을 할 때가 많다. 그럴 때 이처럼 사명감과 자존감을 고취시키는 글귀들을 함께 공유하면 더욱 힘을 내서 일할 수 있다.

화상미팅을 효율적으로 활용하라

아직 얼굴을 보지 않은 신입교사가 배치되면 먼저 화상으로 만나 재밌게 일해보자고 얼굴도장을 찍기도 한다. 처음 화상미팅을 해본 신입교사는 신기해하면서 전화미팅보다는 조금 더 빠르게 친밀감을 형성할 수 있다.

그룹을 나누어 6개월 미만 교사들만 따로 들어올 수 있도록 방을 만들어 아직 숙지하지 못한 업무 내용을 점검해주거나 우수교사의 회원 관리 방법과 상담 스크립트를 알려주기도 한다. 또한 갑작스레 전달해야 할 공지사항이 있을 때는 메신저로 전달하기 힘들어 즉석으로 화상채팅방을 열어 전달하기도 한다.

회사에서 전체 교사를 대상으로 상담 스크립트 교육과 상담 화법을 화상을 통해서 교육한 적이 있다. 미리 교안을 공지하고 충분히 공부하고 들어오게 한 후 즉석 발언권을 부여해 바로 시연을 시키기도 한다. 지적을 하거나 단점을 지적하기보다 잘한 점 위주로 칭찬하고 정보를 공유하는 시간이라 교사들도 많이 배워간다.

　매일 시간을 정해 10분가량 화상미팅을 하는 것도 바람직하다. 그러나 주의할 것은 매일하는 화상미팅의 경우 10분을 넘기지 않도록 계획을 미리 가지고 시작하는 것이 좋다. 이 시간에는 주로 성공 사례, 오늘의 상담 포인트, 학습률 관리방법 등을 공유한다. 성공 사례를 발표할 때는 미리 해당 교사에게 준비해 오도록 부탁하여 양질의 사례가 나오도록 준비시킨다.

　화상미팅은 혼자서 근무하는 재택근무자들에게 얼굴을 보면서 소통할 수 있는 열린 창구 역할을 하고 있다. 일일이 전화로 알려주는 개별 미팅보다 한 번에 정보를 공유할 수 있기 때문에 시간도 절약할 수 있다. 화상미팅을 활용해 효율적인 교사 관리를 해보기 바란다.

화합을 위한
두드림(Do dream)

• • •

　장한협(현 국제가마솥나눔연맹)에 봉사대원으로 들어가면서 장애인과 비장애인이 서로 소통하면서 어울릴 수 있는 것이 무엇일지 고민하여 찾은 것이 사물놀이였다. 사물놀이는 다양한 소리를 내는 악기들이 두드려지고 소통하며 화합을 이루는 악기 놀이다.

　각각의 악기로 연습할 때는 몰랐던 흥겨움이 꽹과리, 징, 장구, 북이 합쳐지면서 전해져, 어느새 '얼쑤'라는 말이 절로 흘러나오고 서로의 눈빛만 봐도 신이 났다. 그런 우리들의 모습을 지켜보던 장애인들이 휠체어에서 일어나서 어깨춤을 춘다. 감동 그 자체였다.

사물놀이는 꽹과리 제1주자인 상쇠의 신호에 따라 다양한 장단을 만들어낸다. 부드러움과 강함이 공존하면서 쇠와 가죽이 만들어내는 악기의 음향과 더불어 한여름 시원한 소나기를 맞는 듯한 두드림이 있다. 한 줄기 바람(징)이 불면서 저 멀리 천둥소리(꽹과리)가 들리고 구름(북)이 하늘을 뒤덮으면 시원한 빗소리(장구)가 대지를 촉촉하게 적신다. 꽹과리, 징, 장구, 북이 서로 하나로 어우러져 하나의 소리가 나올 때 몰입과 집중이 되면서 전신을 타고 흐르는 흥분의 에너지를 느낄 수 있다.

사물놀이를 할 때에는 상쇠의 역할이 중요하다. 상쇠는 농악대원을 이끌고 놀이를 진행시키는 지휘자의 역할을 맡기 때문에 소음으로 들릴 수 있는 악기의 소리들을 잘 다스려 신명 나는 소리 창조를 해야 한다. 사물놀이뿐 아니라 조직에서도 다양한 구성원들의 화합을 도모하는 우두머리의 역할은 매우 중요하다.

성향에 맞춘 교사관리

한 해를 시작하는 연초에는 조직의 재정비를 위해 하루 시간을 내어 마인드맵을 작성한다. 나에게 배정된 열 명의 교사 중에는 울림이 크고 날렵한 모양을 갖춘 꽹과리 같은 사람이 있고, 성실하고 묵묵히 음을 잡아주는 징 같은 사람도 있다. 그렇기 때문에 각자 성향에 맞게 자신의 자리에서 최선을 다할 수 있는 목표를 잡아주고 계획을 세워주어야 한다.

상위권, 중위권, 신입으로 교사를 분류하고 작년 데이터를 비교하면서 올해 성장 가능한 부분을 점검해보았다. 중위권, 상위권으로 도약할 가능성이 있는 교사들이 보였다. 다시 한 번 파트의 단합을 위한 파트명을 함께 만들고 각자의 연간계획서를 꼼꼼하게 작성해서 제출하게 하였다. 올해 마음가짐부터 연봉목표와 회사에서 진행하는 강사, 우수교사, 해외시책 등에 도전할 수 있도록 꼼꼼하게 계획을 세워보라고 했다.

돋보이면서 소리를 주도하는 꽹과리 성향

조직을 관리하다 보면 상위권 교사들의 역할이 매우 중요하다. 전체 목표의 40% 이상을 책임지기 때문이다. 위에서 탄탄하게 목표를 달성해주면 중위권 교사들도 그 뒤를 쫓아가고자 욕심이 생긴다. 또한 신입교사들은 파트 안에서 롤모델이 생기니 그대로 벤치마킹을 할 수 있다.

A교사는 모든 부분에서 자신감이 넘치고 언제나 대화를 주도하는 사람이다. 회원 부모와의 상담에서도 초등교육에 대한 탄탄한 정보를 바탕으로 설득력 있게 주장을 펼치면서도 지루하지 않게 대화를 이끈다. 연봉 4천만 원 이상의 수입을 올리는

교사답게 목표관리가 확실하고 자기관리에도 철저하다. 남편이 병원에 입원해 수술하기 직전까지도 약속한 회원과 계약을 성사시킬 만큼 강한 정신력을 자랑하기도 한다.

이런 성향의 교사는 파트 안에서 주도적인 역할을 부여하고 자존감을 북돋워주면서 힘들 때는 한 번씩 기운을 주는 것이 좋다. 책임감이 강한 성격이기 때문에 잠시 주춤할 때 다그치거나 채근을 하면 오히려 역효과가 난다. 관리자가 신뢰와 믿음을 가지고 있다는 것을 알려주는 가장 좋은 방법은 기다림이다.

두드려주면 소리가 나오는 장구 성향

B교사는 자녀들이 어려 병원을 가거나 학교에 가야 할 일이 많아 활동이 저조하고 회원관리도 잘되지 않았다. 하지만 욕심이 있었다. 회원을 파악하고 관리하는 능력이 있어서 활동량에 비해 목표를 잘 달성하는 교사였다.

이런 성향의 교사에게는 구체적인 목표를 제시해주어야 한다. 장기 목표보다는 단기 목표를 세워주어 월 급여 목표를 위해 이번 주 달성해야 할 목표치가 얼마인지 알려준다. 그리고 목표에 집중할 수 있도록 꾸준히 두드려준다. 그리고 무엇보다 잘한다는 칭찬을 자주 해주면서 부족한 부분을 구체적으로 짚어주는 것이 중요하다.

묵직하게 중심을 잡는 징 성향

C교사는 성실함이 가장 큰 무기이다. 부화뇌동하지 않고 자기 자리에서 꾸준히 활동하고 자기만의 프로세스대로 움직인다. 이런 교사와 회원관리에 변화를 주고자 미팅을 하려면 구체적 사례와 결과를 제시하면서 미팅해야 한다.

성실하고 우직함을 바탕으로 노력하는 성향이기 때문에 인정해주고 배려해주는 관리가 필요하다. 자신만의 고집이 있으면서 늘 주변인에 대한 감사함을 잊지 않는 성품을 가지고 있어 조직 내에서 무게중심을 잡아주는 역할을 담당한다.

허리를 탄탄하게 받쳐주는 북 성향

혼자 하면 외롭지만 함께하면 성과가 나오는 교사들이 있다. 이런 성향의 교사들은 주로 감정을 잘 컨트롤하지 못해 활동이 꾸준하지 않거나 주위 사람들의 말에 쉽게 흔들린다. 1년 미만의 신입이라면 징 성향의 교사와 짝을 이뤄주면서 흔들리지 않는 마인드를 갖게 하는 것이 좋다.

2년 이상이라면 그들끼리 조를 만들어주어 재미나게 활동할 수 있도록 분위기를 조성해주는 것도 좋다. 같은 성향의 교사들이 모이면 서로 친해져 오래도록 함께 일하고 싶은 마음이 생긴다. 조직 내에서 중간 목표를 책임지는 역할이라는 걸 자주 알려주고 조별시책 등을 통해서 단합의 기회를 제공하는 것도 도움이 된다.

두드림을 통해 이뤄낸 해외여행의 꿈

해외시책은 1년 중 회사에서 진행되는 가장 큰 시책이다. 회사 발전에 기여한 상위권 우수교사들을 뽑아 해외로 여행을 보내주고 최고의 대접을 받을 수 있게 지원해준다. 해외시책으로 여행을 다녀온 교사는 다시 꼭 가고 싶은 마음에 해마다 해시책에 도전하고 달성하려고 노력한다.

우수교사 도전은 해외시책을 가기 위한 징검다리다. 내가 몸담고 있는 회사에서 능력을 인정받으면서 추가 수수료까지 받을 수 있기 때문에 도전할 만한 목표이다. 상위권 교사들을 중심으로 우수교사에 오를 수 있도록 활동점검 미팅이 진행되었다. 우수교사를 해본 교사는 개정된 우수교사지표를 점검하고 관리해야 할 점수를 확인하며 기운을 실어준다. 새롭게 도전하는 교사는 우수교사를 달성함으로써 얻을 수 있는 성취감과 수수료에 대해 알려주고 사례를 이야기해주며 도전의식을 불러일으키게 해준다.

일사분기가 끝난 시점에 점검하니 해외시책에 도전해볼 만한 목표의 교사가 정해졌다. 두 명의 교사는 해외여행 경험이 있는 교사라 목표관리만 잘 진행된다면 충분히 가능성이 있었다. 나머지 두 명은 1차적으로 우수교사로 달성이 되었기 때문에 집중적으로 관리하기로 했다. 나는 교사 네 명의 이름을 포스트 잇에 커다랗게 적어 컴퓨터 앞에 붙이며 다짐했다.

"W샘, L샘, G샘, P샘 반드시 해외에 보낸다. 고로 나도 함께 갈 것이다."

그리고 나는 다섯 번째 해외여행을 네 명의 교사와 함께 떠날 수 있었다. 무언가를 간절히 원하는 마음을 담아 열심히 두드리다 보면 교사의 성장과 발전이 돌아온다. 각자의 위치에서 두드린 꽹과리, 북, 장구, 징의 소리가 한데 어우러져 빚어낸 최상의 소리가 서로 더 높이 더 멀리 나아가게 하는 또 다른 발판으로 작용한다. 상쇠의 위치에 있는 관리자들이여, 두드림을 통해 구성원들의 꿈을 함께 이뤄보자.

독서를 통해
사고를 넓혀라

• • •

경력이 길고 능력 있는 교사는 자기만의 업무 프로세스가 만들어져 있어 주변 환경이나 바람에도 쉽게 휘둘리지 않는다. 반면 신입교사는 하루에도 열두 번 본인의 정체성에 혼란을 느끼는 경우가 많다. 특히 재택근무를 하면 옆에서 바로 피드백을 해주는 사람이 없기 때문에 자기관리가 부족한 교사는 좌절감을 쉽게 맛본다.

새로 신입교사가 배치되면 관리자는 업무환경 점검을 위해 집을 방문한다. 대부분 과일이나 롤케이크 등을 사서 간다. 나는 늘 신입교사에게 특별히 책을 선물한다. 《10년 후》(해바라기, 그레그 S. 레이드)는 신입교사 방문 시 항상 선물하는 책이다. 아직 직업 마인드를 갖추지 못한 신입교사가 책을 통해 일에 대한 보람과 긍지를 느꼈으면 하는 바람 때문이다.

책에는 영업일을 하고 있는 오스카에게 그의 멘토 로이가 영업에 대한 정의를 내려주는 대목이 나온다. 그는 영업이란 곧 자기가 한 일에 대해서만 보답을 받는, 정확히 뿌린 만큼 거두는 유일한 직업이라고 말한다. 운동선수도 다르지 않다. 운동선수가 구단주에게 자신의 '기술'을 영업하고 그만큼 연봉을 받는 것이다.

교사의 일 역시 일종의 영업이며 자신이 한 일에 바로 보답을 받을 수 있는 일이다. 일한 만큼 대가를 받는 일이라는 자부심이 있다면 일에 대한 마음가짐도 달라질 것이라는 생각에 이 책을 선물하곤 한다.

거인의 어깨에 올라서 보는 세상

책을 제대로 보기 시작한 때는 10년의 계획이 끝나가던 해였다. 그때 나의 상태는 할 만큼 했다는 생각에 온 힘이 빠져 있던 상태였다. 10년이 넘자 재택근무의 한계가 느껴졌고 일에 대한 재미도 떨어지면서 의욕도 생기지 않았다. 어떤 벽에 부딪혀도 뛰어서 넘고 싶은 마음보다 그냥 그앞에 주저앉고 싶은 심정이었다. 그때 나는 책을 읽기 시작했다.

《독서 천재가 된 홍대리》는 내가 독서의 세계에 빠질 수 있도록 도와준 첫 번째 책이다. 이 책은 오래전부터 안방 책장에 꽂혀 있었지만 읽지 않았던 책이다. 책을 다시 집어든 이유 역시 단순히 책 표지가 흥미로워 보였기 때문이다. 그동안 책을 등한시했던 이유 중 하나는 책을 다 읽어도 도대체 무슨 내용을 읽었는지 기억이 나지 않아서였다. 그런데 이 책은 소설 형식을 취한 데다 실제 경험을 바탕으로 왜 독서를 해야 하는지 재미나게 알려주어 쉽게 읽을 수 있었다. 책 읽기의 즐거움을 느끼게 된 것이다.

《48분 기적의 독서법》은 바쁜 직장인들도 하루 48분의 시간을 낼 수 있으며 매일 48시간 책을 읽는 습관을 들이면 3년 안에 천 권의 책을 읽을 수 있다고 말한다. 3년 이내에 독서 임계점에 다다르면 어떤 어려운 상황도 헤쳐 나갈 수 있는 지혜를 갖출 수 있다는 것이다. 나는 한가한 오전 시간을 정해 48분 독서법을 실천하기로 계획을 세웠다.

《생산적 책읽기》는 제대로 된 독서법을 제시하는 책이다. 그냥 읽고 잊어버리는 독서가 아니라 내 것으로 만들기 위해 핵심을 파악하면서 저자의 입장에서 전달하고자 하는 내용이 무엇인지 생각하며 읽으라고 권한다.

내가 읽은 책을 강의하듯이 전달하려면 책의 핵심을 제대로 파악해야 한다. 주로 사용하는 방법이 마인드맵이다. 마인드맵은 생각의 가지를 계속 이어서 정리하는 방법인데, 주 가지가 핵심의 키워드이고 잔가지는 주제를 보충해주는 내용으로 요약해서 정리한다.

《설득의 심리학》은 상담일을 하는 나에게 많은 도움이 된 책이다. 사람의 마음을 사로잡는 6가지 불변의 법칙에 대해 구체적 사례와 실험을 통해서 설득력 있게 전달한다. 6가지 불변의 법칙이란 상호성의 원칙, 일관성의 원칙, 사회적 증거의 원칙, 호감의 원칙, 권위의 원칙, 희귀성의 원칙을 일컫는다.

내가 업무에 유용하게 적용했던 원칙은 바로 상호성의 원칙이다. 이는 내가 호의를 베풀면 상대방도 돌려주고 싶은 마음이 든다는 원칙이다. 해피콜에 접목하면 상대방에게 부담을 주지 않는 선에서 체험을 충분히 해보도록 권한 뒤, 프로모션으로 들어온 회원의 상태를 점검하고 월간지는 꼭 받을 수 있게 잘 챙겨준다. 그리고 재미있는 쪽지와 학습문자를 발송해 무료체험이지만 꾸준히 관리하고 있음을 알려주면서 상대를 빚진 상태로 만든다. 상대가 이렇게 노력하고 있음을 알면 다음 상담에서 조금 더 친밀하게 대응해준다.

《그대 스스로를 고용하라》는 평생직장이란 없으며 자신의 타고난 재능을 발견하여 계발한 사람만이 사회적 안정과 부를 가지게 될 것이라고 얘기한다. 나는 이 책을 통해서 1인 기업이 무엇인지 알게 되었다. 나를 퍼스널브랜딩하기 위해서는 자신에 대해 정확히 진단하는 것부터 시작해야 한다. 나를 정확히 진단하기 위해서는 재능이력서를 구체적으로 적으면서 자기혁명 지도를 작성해보면 된다.

《성과를 지배하는 바인더의 힘》을 읽었을 땐 연간, 월간, 주간 계획을 어떻게 관리하고 계획하는지 알게 되었다. 10년 동안 쌓여 있던 온갖 자료들을 A4 바인더에 완벽하게 정리하고 나니 10년 묵은 체증이 내려가는 듯 시원했다.

책은 거인의 어깨다. 얼마나 많은 책을 읽느냐에 따라 거인의 키는 달라진다. 읽은 책만큼 높이 솟아오른 거인의 어깨에 올라타고 드넓은 세상을 볼 것인지, 거인의 발밑에서 바닥만 볼 것인지는 자신의 선택에 달려 있다.

독서를 통해 사고를 확장하라

"파트장님, 지난번에 책 선물해주신 거 정말 감사히 잘 읽었어요. 교육 끝나고 카페에 앉아 책을 다 읽고 집에 갔어요. 사실 퇴사 고민을 많이 했는데 책을 읽고 다시 해보겠다는 의지가 생겼어요. 감사합니다."

전체 회식이 있던 날 다른 파트 교사가 넌지시 다가와 고맙다는 말을 건넸다. 생각해보니 1년 미만 교사들 대상으로 직장인 마인드 강의를 하고 마지막에 선물로 책을 줬던 기억이 났다. 나야말로 고맙다고 해주어 고맙다고 인사했다. 대부분의 교사들은 그런 표현을 잘 하지 않는데 이렇게 먼저 찾아와 감사하다고 해주니 나도 모르게 힘이 났다.

책을 읽으면 책이 책을 소환하는 것 같다. 한 권의 책을 보면 여러 권의 책과 연결된 고리가 보인다. 고리를 따라 다른 책으로 넘나들다 보면 점점 더 확장된 세계를 만날 수 있다.

독일의 문호 마르틴 발저가 "우리는 우리가 읽은 것으로부터 만들어진다"고 했듯이 혼자 일을 하는 재택근무자일수록 독서는 필수라고 생각한다. 독단적 사고를 확장시키는 가장 간단하고 효율적인 도구이기 때문이다.

기업의 문화 역시 독서 중심으로 점점 바뀌고 있다. 그중에 독서 경영은 CEO가 주도적으로 문화를 이끌 경우 많은 효과를 누릴 수 있다.

대표적인 예가 우림건설이다. 우림건설은 CEO가 직접 책을 읽고 서평을 남기면서 직원들에게 매달 읽을 책을 선정해준다. 독서 문화를 통해 건설업계가 가지고 있는 '남성적이고 문화와 거리가 멀다'는 선입견에서 탈피했다. 다양한 독서 활동을 통해 따뜻하고 인간적인 도시건설이라는 목표로 전 직원이 함께 나아가고 있다.

매일 혼자서 컴퓨터와 씨름하고 있는 재택근무자들 역시 일에 대한 진정한 의미와 가치를 깨닫기 위해서는 독서가 큰 도움이 될 것이다. 의식을 확장하고 사고가 전환되는 계기를 마련해줄 것이다. 몇 가지 책을 소개해주겠다.

사고를 넓히는 7권의 책

• 정호승의 《연인》

변하지 않는 순수함으로 인간에 대한 사랑과 꿈을 노래해온 정호승이 1998년에 펴낸 책이다. 현재 새롭게 단장한 개정판이 출간되어 있다. 운주사 풍경으로 매달려 사는 삶에 만족하지 못한 '푸른톡눈'이 비어(飛魚)가 되어 세상을 날아다니다가, 다시 풍경으로서의 삶과 진정한 사랑을 찾게 되는 이야기를 그리고 있다.

• 스튜어트 에이버리 골드의 《핑》

자신의 꿈을 실현시키기 위해 새로운 연못을 찾아 떠나는 개구리 '핑'의 이야기를 담은 책이다. 개구리 '핑'의 파란만장한 여정을 통해 인생이란 무엇인가, 그리고 삶의 고비마다 우리는 어떤 선택을 하며 어떻게 살아갈 것인가를 깊이 고찰하게 하는 책이다.

• 스티븐 런딘과 존 크리스텐슨 공저 《펄떡이는 물고기처럼》

조직과 인생에 생명을 불어넣는 기법, 이른바 'FISH철학'을 알려주는 책이다. '오늘 당신은 어떤 하루를 살아갈 것인가?'라는 질문을 화두로 누구나 할 수 있지만 실천하기는 쉽지 않은, 일상을 변화시키고 가정과 일터에 활력을 불어넣을 수 있는 방법들을 제시했다.

• 그레그 S. 레이드의 《10년 후》

한 소년이 인생의 스승을 만나 자신의 인생을 설계하고 실천해가는 과정을 그린 책이다. 두 사람의 첫 만남부터 소년이 청년이 되어 세일즈맨이 되는 과정, 세일즈맨으로서 개념을 익히고 마인드를 갖춰나가는 과정, 리더에 이르는 과정, 그 리더로서 갖춰야 할 전문성과 역할을 익혀나가는 과정, 무엇보다 성공한 소년이 새롭게 인생의 목표를 설정하고 추진하는 과정들을 접할 수 있다.

• 다니엘 핑크의 《파는 것이 인간이다》

'판매'를 다른 시각으로 보는 책이다. 세계적인 미래학자 다니엘 핑크는 우리의 일과 일상에서 벌어지는 모든 활동이 넓은 의미에서 판매 활동이며, 이런 광의의 판매 활동이 생존과 개인적 행복을 가름하는 중요한 가치로 자리매김할 것이라고 단언한다. 앞으로 도래할 세일즈 중심의 세상에서 우리가 갖춰야 할 자질은 무엇인지, 어떻게 해야 새로운 세상을 헤쳐나갈 수 있는지에 대한 날카로운 통찰력과 제언을 담은 책이다.

• 진수 테리 《펀을 잡아라》

'신나게(FUN), 독창적으로(UNIQUE), 보살피라(NURTURING)'라는 펀(F.U.N) 메시지로 전 세계를 누비며 수많은 사람들의 인생을 웃음으로 가득 채워주고 있는 진수 테리가 집필한 책이다. 그녀는 원래 재미없는 사람이라는 이유로 회사에서 해고당했었다. 그러나 좌절하지 않고 펀 경영 트레이너로 변신하는 최고의 역발상을 실행하였다.

• 히가시노 게이고의 《나미야 잡화점의 기적》

2012년 3월 일본에서 출간되어 큰 화제를 불러일으킨 책이다. 이번 이야기에는 그동안 '히가시노 게이고' 하면 떠오르는 살인 사건이나 탐정 캐릭터는 전혀 등장하지 않는다. 그럼에도 불구하고 마치 퍼즐처럼 치밀하게 맞춰져가는 이야기는 히가시노 게이고 작품답게 명불허전 짜릿한 쾌감을 선사하며 감동을 자아내 작가의 고정 독자를 충분히 매료시킨다.

위에 추천한 책 이외에도 수많은 책들이 당신의 물음을 기다리고 있다. 관리자로서 사람들을 이끌어가는 것은 매우 고독하고 힘든 일이다. 그럴수록 필요한 것이 독서이며, 독서를 통한 사고의 확장이다. 업무 관리, 사람 관리를 위한 지식과 해답은 바로 책에 있다. 흔들리지 않고 굳건한 관리자가 되고 싶다면 책을 읽자.

6장

재택근무자를 위한
가정 관리 노하우

재택근무를 하면서 가정을 제대로 꾸리기는 매우 힘들다.
그러나 가족이 다함께 대화하며 문제를 해결한다면 더 단단해질 수 있다.
처음부터 포기하지 말고 우리 가족만의 노하우를 만들어보자.

아이들은 지금 행복한가요?

• • •

　자녀 때문에 시작한 재택근무를 자녀 때문에 퇴사하는 가장 큰 이유는 무엇일까? 집에서 일하기 때문에 아이들과 충분히 시간을 활용할 수 있고 업무도 할 수 있을 거라는 막연한 기대가 무너지기 때문이 아닐까 싶다. 하지만 현실은 녹록지 않다. 쉽게 돈을 버는 일은 이 세상에 없다.

　처음 일을 시작할 때는 새로운 세상을 경험하느라 시간 가는 줄 몰랐다. 또 배워야 할 게 많아 온통 업무에만 신경을 쓸 수밖에 없었다. 3시부터 업무를 시작하면 9시 넘어서까지 자리에서 일어날 수 없었다.

　어떤 날은 유치원 버스가 오는 시간도 깜박하여, 선생님으로

부터 전화를 받고 부리나케 데리러 간 적도 있었다. 고3이 된 작은아이는 아직도 유치원 버스 안에서 엄마 오기를 기다리던 순간을 기억한다고 한다. 다른 아이들은 엄마가 미리 나와서 기다리고 있는데 혼자 앉아 엄마를 기다리고 있으니 창피했었다며 웃는다.

그리고 종일반에 다니다 보니 아침에 등원할 때는 가장 먼저 버스를 타고, 하원할 때는 마지막으로 버스에서 내려야 하다 보니 버스가 너무도 지겨웠다고 한다. 그 말을 들을 때마다 아이에게 미안하다. 왜 그때 이야기하지 않았느냐고 물으니 안 그래도 엄마 힘든데 나 때문에 더 힘들어할까 봐 말을 하지 않았다고 한다. 고작 7살이었던 작은아이의 마음이 너무 예뻐 살며시 안아주었다.

나는 안방을 업무공간으로 만들어 아이들이 절대 들어오지 않도록 주의를 주었다. 전화로 상담을 하는 게 주 업무라 아이들 소리가 상대방에게 전해질까 노심초사할 수밖에 없었다.

가끔 정신없이 뛰어놀던 아이들이 갑자기 문을 열고 "엄마! 형이 때렸어!" 소리를 지를 때면 벌떡 일어나서 손가락으로 나가라고 삿대질을 하고 눈을 부라렸다. 아이들은 엄마가 상담을 하는 아이에게는 온갖 친절한 목소리로 공부를 가르쳐주다가 방에서 나오기만 하면 화를 내니 대들듯이 이렇게 소리를 지르며 자기들 방으로 뛰어 들어가곤 했다.

"엄마는 안에서는 천사고 나와서는 악마야!"

베드타임 스토리

'베드타임 스토리'란 아이가 자기 전 부모와 함께 읽는 이야기 책을 일컫는 말로 유대인의 교육법이라고 알려져 있다. 단순해 보이지만 이 교육법은 아이의 긴장과 피로를 풀어주며, 교감을 나눌 수 있어 유대감이 좋아진다고 한다. 어느 날 영화를 보는 데 침대에서 아이들에게 책을 읽어주는 장면이 나왔다. 매우 행복해 보였다. 나도 아이들이 어릴 때는 책을 많이 읽어주었는데 일을 하다 보니 밤이 되면 지쳐 잠들기 바빴다.

하루는 일을 마치고 방에서 나오니 큰아이는 소파에 누워 잠들었고, 작은아이는 거실 바닥에서 비디오를 보다가 잠이 들어 있었다. 순간 마음 한편이 쓰라렸다. 아이들을 위해 시작한 일인데, 일을 핑계로 아이들에게 소홀해지다니. 나는 남편에게 선언했다.

"하나를 선택해요. 설거지야, 책 읽어주기야?"

거래처 접대로 늦게 귀가한 남편은 질문을 이해하지 못해 눈을 동그랗게 떴다. 일을 끝내고 집안 정리에 설거지까지 하면 아이들은 이미 잠이 들어 있다. 그래서 설거지는 아침에 할 테니 집이 지저분하더라도 참아줄 수 있느냐고 물었다. 본인도 늦게 귀가하여 도움을 주지 못하고, 더군다나 책을 읽어주는 게 아이들 인성에 좋다고 하니 집이 지저분해도 넘어가기로 합의를 보았다.

몇 시간 동안 상담을 하고 나면 말도 하기 싫고 쉬고 싶은 마음이 굴뚝같다. 그러나 남의 집 아이들한테는 웃으며 공부를 잘할 수 있게 도와주면서 정작 내 아이들은 방치하고 있다는 죄책감에 힘을 내기로 다짐했다.

그날부터 나는 밤마다 침대로 아이들을 불렀다. 팔베개를 만들어 두 아이를 감싸 안은 채로 이야기를 나누는 시간을 가졌다. 선생님한테 혼난 이야기며 아이들과 축구를 하며 놀았던 이야기 등 두런두런 대화를 나눈 뒤 전래동화부터 창작동화, 해리포터 시리즈까지 매일 밤마다 아이들에게 들려주었다. 큰아이가 초등학교를 졸업할 때까지 베드타임 스토리는 계속되었다.

권정생의 《강아지똥》은 읽으면서 함께 울었다. 《마당을 나온 암탉》은 아이들보다 내가 먼저 울컥했다. 《마법천자문》,《그리스 로마 신화》가 유행할 때는 역할놀이를 해가면서 작품에 몰입을 했고,《해리포터》 시리즈를 읽을 때는 마법사라도 된 듯 침대에 누운 채로 주문을 외치기도 했다.

《하루 15분 책 읽어주기의 힘》의 저자 짐 트렐리즈는 "책을 읽어주는 것은 뇌 발달과 어휘력 향상만을 위한 것이 아닙니다. 책 읽어주기의 가장 큰 장점은 아이와 부모의 유대 관계가 끈끈해진다는 것입니다"라고 부모와의 책 읽기를 강조한다.

가랑비에 옷 젖듯 엄마랑 함께 책을 읽었던 그 시간들이 쌓이고 쌓여 아이들에게 커다란 사랑으로 전해졌으리라 믿는다. 직장을 다니는 것보다 재택근무를 하며 아이들과 더 많은 시간을 보내고 있다고 자부하고 있는가? 아이들은 속으로 서운함을 삼킨 채 엄마의 관심과 사랑을 기다리고 있을지 모른다. 가정일과 재택근무로 도저히 시간이 나지 않는 엄마라면 자기 전 시간을 활용하여 행복한 시간을 만들어보자.

한 달에 한 번
가족회의

• • •

"자, 오늘 가족회의 안건은 여름방학 계획과 가족여행입니다. 주님, 우리 가족이 싸우지 않고 회의가 잘 진행되도록 해주시고 아빠의 잔소리가 길지 않도록 해주시고 용돈을 많이 주도록 도와주소서."

큰아들 대현이가 개회 선언과 함께 주님을 청하는 기도를 한다. 아이들의 시시콜콜한 바람이 담긴 멘트에 작은아이가 킥킥 웃고, 남편은 헛기침을 해댄다. 우리 가족은 첫째 주 토요일 오전에 가족회의를 한다. 매달 가족 구성원이 돌아가며 의장 역을 맡는다. 처음에는 남편과 내가 돌아가면서 진행을 했는데 아이들이 고학년이 된 뒤부터는 돌아가며 맡기로 했다. '서당 개 삼

년이면 풍월을 읊는다'고 하더니 오히려 남편과 나보다 더 맛깔스럽게 진행을 한다.

'가족회의'라고 칭하는 게 너무 딱딱하다고 '토크타임'으로 바꾸자고 요청한 것도 아이들이다. 회의라는 말보다는 서로 이야기하는 시간이라고 말할 때 더 즐거운 마음으로 임할 수 있다고 한다. 나중에는 다과도 준비해달라고 요청하여 평소에는 잘 사주지 않던 과자며 탄산음료도 함께 내어놓고 이야기한다.

회의가 시작되면 안건에 대해 각자 의견을 나눈다. 이날은 여름방학을 어떻게 보낼 것인지 계획을 세우고, 1년에 한 번 남편과 나의 휴가일을 맞추어 3박 4일로 떠나는 가족여행에 대해 이야기했다. 아이들은 학원이나 캠프 일정을 나누고 방학 동안 수영을 배우고 싶다고 말한다.

그리고 우리는 가족여행 장소에 대한 이야기를 나눈다. 가족여행은 어디로 가고 싶은지 아이들의 의견을 물어본다. 남편과 나는 박물관 견학을 적극 추천하지만 아이들의 의견에 따라 마지막 날은 워터파크를 가기로 했다. 회의의 마지막은 체크리스트 점검이다.

체크리스트를 만들다

일을 하다 보면 종종 아이들의 숙제나 준비물을 제때 챙겨주지 못하곤 했다. 그래서 가끔 아이들이 학교에서 혼났다는 이야기를 아빠한테 일러바칠 때면 얼굴이 화끈거렸다. 아이들이 가정통신문을 제때 전달하지 않아 소풍 가는 날까지 모를 때도 있었다. 그래서 종종 아이의 책가방을 뒤적이면 책에 눌려서 부채 모양으로 접혀 있는 가정통신문이 한 움큼 있다. 부채를 펼치면 참관수업 안내문이나 급식 표가 줄줄이 떨어진다. 엄마한테 사인을 받아 가는 것도 매번 잊어버리고, 실내화도 제때 빨지 않고 가서 주의를 들었다고 한다. 정신없는 두 아들을 어찌해야 할까? 그래서 체크리스트를 만들기로 했다.

날짜	요일	숙제하기	학습지 하기	책 읽기	책가방 챙기기
6월 12일	월	★	★	★	★
6월 13일	화	★	★	★	
6월 14일	수		★		★
6월 15일	목	★		★	
⋮					

가로줄에는 매일 해야 할 일과 체크해야 할 일을 적고 세로줄에는 날짜를 내려 적는다. 그리고 엄마가 일이 끝나는 시간에 아이들이 체크리스트를 들고 방으로 들어온다. 하나씩 점검하고 잘했으면 스티커를 붙여주고 칭찬해준다.

한 달 동안 열심히 스티커를 붙인 체크리스트는 가족회의 시간에 최종 점검한 뒤 보상으로 용돈과 약속한 선물을 준다. 평소에 갖고 싶었던 장난감이나 책을 아빠와 매장에 가서 사 오는 날이면 아이도 아빠도 기분이 좋아진다.

가족회의를 할 때에는 각자 노트를 가지고 와서 그날의 안건과 계획을 기록한다. 어느 날 노트를 펼쳐보니 용돈이 3천 원에서 3만 원으로 상승된 기록, 여행계획 등 가족의 히스토리가 모두 남아 있었다. 가족들끼리 관람했던 공연 입장표까지 붙어 있었다. 차곡차곡 우리 가족의 이야기가 쌓이고 있어 흐뭇했다.

작은아이는 수시를 쓸 때 우리 가족이 매달 모여 가족회의를 했던 것을 자기소개서에 적었다고 한다. 가족회의를 통해 자신의 권리를 주장하는 법을 배우고, 다양한 의견을 주고받으며 문제를 해결하고 하나의 결론을 내는 과정을 배웠다고 한다. 또한, 나와 맞지 않은 의견이 있더라도 먼저 끝까지 들어보는 인내심도 길렀다고 한다.

아이들이 점점 크면서 시간을 맞추기 어려워져 토크타임은 한 달에 한 번이 아니라 몇 개월에 한 번으로 바뀌었다. 그러나 가끔 용돈 인상이나 가족여행 등 중요한 계획이 있으면 아이들이 먼저 요청을 하기도 한다.

자녀가 어려서 일과 육아를 병행하기 힘들다고 퇴사하는 경우도 많지만, 아이의 대학 진학 문제로 퇴사를 결심하는 경우도 많다. 고등학생 딸이 엄마가 일을 시작하면서 야간자율학습이 끝나도 데리러 오지 않고 간식도 제대로 챙겨주지 않는다며 불만을 토로한다는 이유 때문이다. 아이들은 챙김을 받아오다가 순간 챙김이 소홀하다 느껴지면 나이에 상관없이 투정을 부린다. 그럼 그대로 다 받아줘야 하는 것인가. 언제까지?

평상시에 가족끼리 충분히 대화를 했다면 엄마가 늦은 나이에 일을 해야 하는 이유를 이해하고 응원할 것이다. 그러니 더욱 가족끼리 서로를 이해하는 시간을 많이 가져야 한다. 진심을 나누는 시간과 함께 차곡차곡 쌓인 추억은 태풍이 불어와도 흔들리지 않는 든든한 방어막이 되어줄 것이다.

축제의 날을 많이 만들어라

· · ·

'축제'란 개인 또는 집단에 특별한 의미가 있는 일 혹은 시간을 기념하는 일종의 의식을 의미한다. 가족만의 특별하고 의미 있는 날을 만들어두면 기대와 설렘에 그날을 기다리게 되고 가족의 결속력도 강해진다.

월급날은 피자 데이

매달 15일은 월급날이다. 나보다 아이들이 내 월급날을 더 기다린다. 그 이유는 아이들이 원하는 피자나 치킨을 마음껏 시켜 먹는 날이기 때문이다. 손쉽게 저녁을 해결하니 편해서 좋고, 엄마가 일을 해서 아이들이 원하는 걸 사줄 수 있다는 뿌듯함을 느낄 수 있으니 또 좋다. 피자를 한껏 입에 물고 "엄마, 일 오래해!"라고 말하는 아이들을 떠올리면 매일 더 힘차게 일할 수 있다.

금요일 밤은 영화 보는 날

아이들이 어릴 때는 일주일이 마무리되는 금요일 밤마다 함께 비디오대여점에 가서 비디오를 빌려왔었다. 평일 동안 저녁에 텔레비전을 보지 못한 것에 대한 보상이었다. 다음 날이 주말이니 부담도 없었다. 아이들이 먼저 친구들에게 추천받았다며 미리 비디오를 예약하기도 하고, 내가 먼저 인터넷에 미리 검색해 고르기도 했다. 비디오를 빌려 오는 길에 과자와 아이스크림을 한껏 안아 들고 오면서 우리 세 모자는 세상에서 제일 행복한 듯 웃곤 했다. 물론 지금은 비디오대여점이 많이 사라졌지만, 아직도 종종 모여 다운로드한 영화를 함께 보곤 한다.

주말엔 도서관 나들이

주말에는 아이들과 함께 도서관을 갔다. 의정부에서 살 때 집에서 자전거로 20분 정도 거리에 의정부시립도서관이 있었다. 가는 길은 하천에 둘러싸여 있어 자전거를 타고 달릴 때마다 상쾌한 바람을 느낄 수 있어 좋았다.

책을 대여할 때는 스스로 읽고 싶은 책을 골라 오게 했다. 책을 고르지 못할 땐 사서 선생님에게 물어보라 했더니 나중에는 사서 선생님과 친해져 도서관을 갈 때마다 이야기를 나누곤 했다.

도서관이 좋은 점은 매주 문화행사가 진행된다는 것이다. 아마추어 마술사의 재미난 마술 쇼도 보고 전래동화 인형극도 보고 무료로 상영해주는 영화를 보기도 했다. 그러다 배가 고프면 지하식당에 가서 김치볶음밥을 시켜 먹었다.

또한 도서관은 온 가족이 함께 이용할 수 있다는 점에서 매력적이다. 가족이 다 함께 도서관에 가면 아이들은 어린이실로, 부모는 성인을 위한 열람실에서 나름대로 즐기다가 시간을 정해 잔디밭이나 식당에서 만나 이야기를 나눌 수 있으니 가족끼리 시간을 보내기에 이보다 안성맞춤인 장소가 없다.

세계에서 가장 성공한 사람으로 손꼽히는 마이크로소프트사의 빌 게이츠 회장은 "나를 키운 건 동네의 작은 도서관이었다"라는 말을 했다. 그는 지금도 책을 손에서 놓지 않고 1년에 두 번씩 휴가를 갈 때마다 오로지 책만 잔뜩 가지고 가서 몰입하여 읽는다고 한다. 해가 뉘엿뉘엿 떨어질 때쯤 대출한 책을 가방에 넣어 자전거에 대롱대롱 매달고 돌아오는 길을 아이들은 아직도 행복한 기억으로 떠올리곤 한다.

한 달에 한 번 봉사활동

학생들에게는 의무적으로 이행해야 하는 봉사시간이 주어진다. 1년에 20시간 이상을 채우지 못하면 입시에 불이익이 간다고 한다. 봉사는 진정성 있게 해야 하는 일인데, 점수 때문에 억지로 하고 있는 학생들이 많을 것 같아 씁쓸하다.

우리 아이들은 어렸을 때부터 한 달에 한 번 장애인 시설과 양로원으로 봉사활동을 다녔다. 봉사활동을 시작하게 된 계기는 친구들과 놀러 갔다 우연히 인연을 맺은 민박집 주인 때문이었다. 그분이 바로 '전국장애인한가족협회' 회장님이었다. 우리는 장애인과 비장애인이 함께 어울릴 수 있는 활동으로 사물놀이를 택하였다. 그렇게 만들어진 소모임이 '가마솥에 누룽지 풍물패'이다. 모임을 처음 만들었을 때가 꽃다운 20대였으니 벌써 26년이 되어간다.

아이들이 스스럼없이 뇌성마비 장애인에게 "형"이라 부르고 함께 축구를 하는 모습을 보면 어렸을 때부터 함께 봉사활동을 하기 참 잘했다는 생각을 한다. 다양한 사람들과 만나며 새로운 세상을 볼 수 있고, 내가 가진 시간과 힘을 나누며 살아가는 마음을 가질 수 있기 때문이다.

아이들이 많이 자란 지금은 '맛집 탐방'이라는 이벤트도 만들었다. 우선 동네 맛집부터 시작해 입소문이 난 곳이나 추천받은 곳에 찾아가 먹어보고 평가를 한다. 정말 맛있는 곳이면 명함을 가지고 와서 스크랩북에 붙여놓는다. 지역을 나눠서 스크랩북을 해두면 나중에 그 지역으로 놀러 갈 때는 물론, 지인에게 추천을 해주기에도 편하다.

많은 돈이나 특별한 장소는 필요 없다. 우리 가족만의 소소한 축제를 만들어보자. 무엇보다 꾸준히 이어나가는 것이 중요하다. 축제의 날이 쌓이고 쌓이다 보면 끈끈한 가족애를 느낄수 있을 것이다.

남편을
내 편으로 만들자

● ● ●

한가한 일요일 오후, 남편과 차를 마시면서 이야기를 하다가 업무에 관한 내용이 화두에 올랐다. 남편은 제약회사 영업부장으로 20년 넘게 근무를 하고 있는데 직원들이 조금 더 단합할 수 있는 방법이 없을지 고민이라고 한다.

"영업은 파워야! 파이팅이 넘쳐야 일에 대한 좋은 아이디어가 생기거든. 아침 조회 때 구호를 한번 외쳐보는 건 어때요?"

회사 분위기가 꽤 경직되어 있어 구호를 외치는 방법이 현실성이 없어 보였는지 남편은 반응이 없었다.

"처음엔 조금 쑥스럽지만 자기들만의 문화가 있으면 단합도 잘될 거예요. 그리고 한 달에 한 번은 문화행사를 가져봐요. 맨

날 술만 마시지 말고. 요즘 젊은 애들은 2차, 3차 가는 거 별로 안 좋아해요. 영화나 뮤지컬을 보면 더 좋아할걸요. 아니면 직원들에게 의견을 내라고 해서 뽑히면 상품권을 줘요."

내가 회사에서 활용하고 있는 방법을 남편에게 제시하니 해보겠다고 한다. 며칠 뒤 남편은 직원들과 조회시간에 구호를 만들어 세 번 외치고 나간다고 한다. 처음엔 작은 목소리로 소곤대다가 나중엔 다른 부서에서 깜짝 놀랄 만큼 큰 소리로 외치게 되었다고 한다.

그리고 직원들의 의견을 받아 한 달에 한 번 영화 관람, 야구장 관람 등 그들만의 문화를 만들어 조직 내 결속력을 높였다고 한다. 나도 영업파트 업무를 하고 있기 때문에 남편의 업무에 조언을 할 수 있었던 것이다. 이처럼 남편이 아내가 자신의 업무에 도움이 되는 의견을 전할 수 있는 직장인이라는 사실을 인지하면 아내의 일을 더욱 응원해줄 것이다.

남편이 멀게만 느껴질 때

남편과 결혼식을 올리기 전날, 엄마는 조용히 내 방으로 들어오셔서 내 손을 꼭 잡고 당부하셨다.

"엄마가 살아보니 남자는 다 아기다. 그저 잘한다고 칭찬해주고 엉덩이 두드려주면 다 되는 거야."

나보다 두 살이나 많고 덩치도 큰 사람을 아기처럼 취급하라니. 그때는 이해가 가지 않았다. 그러나 결혼생활을 하면서 그 말이 무슨 뜻인지 알게 되었다. 남편이 미운 행동을 하더라도 아이를 대하듯 사랑스러운 마음으로 대하라는 말씀이었다.

아이들이 자라면서 점점 필요한 돈은 많아지고 유치원비를 내는 달이면 마이너스 대출을 받아야 했다. 남편만 믿고 있을 수 없다는 마음에 동네 유모차 부대 엄마들이 하나둘 직장을 다니기 시작했다. 그러면서 나도 일을 해야겠다는 생각이 들었다. 그러나 정신없는 두 아들을 집에 두고 다닐 수 있는 직장이 마땅하지 않았다. 그래서 재택근무를 하기로 결정했다.

그러나 남편은 아내가 집에서 일을 하니 집안일도 육아도 함께할 수 있을 거라 생각했지만, 집 안은 엉망이 되어가고 아이들도 방치되는 걸 보면서 화도 많이 냈다. 입사 후 7개월 동안은 남편과 정말 많이 다투었다. 가만히 남편 입장에서 생각을 해보니 남편에게 너무 소홀했던 것 같았다. 새벽에 나가서 밤늦게 귀가한 남편을 맞이하지 않고 업무에 집중하느라 뒷모습만 보였구나. 피곤하다는 이유로 어떤 날은 남편이 출근하는데 배웅도 안 했구나. 남편도 내가 왜 일을 시작하게 되었는지 모르지 않을 텐데, 어쩌면 남자로서 자존심이 상할 수도 있겠구나.

내가 이 일을 하려면 무엇보다 남편의 이해와 협조가 있어야 했다. 남편도 한 사람의 희생만으로 가족의 행복이 만들어지는 것이 아니라 가족 구성원 모두 함께 책임과 의무를 나눔으로써 이루어진다는 것을 알아야 했다. 남편과 술자리를 마련해 우리가 조금 더 잘살 수 있는 방법을 의논했다. 그렇게 만들어진 게 한 달에 한 번 가족회의였다. 그렇게 점점 대화하는 시간을 늘리고 방안을 이야기하자 가정도 점차 안정되어 갔다.

억만장자 도쿄대학 교수 혼다 세이로쿠는 말한다. 실제로 성공하지 못한 많은 사람들은 거의 모두가 성공한 사람과 큰 차이가 없을 정도로 노력하지만, 단지 한 걸음만 더 나아가야 할 때, 그때까지의 고생을 참지 못하고 마음이 흐트러져서 그 노력을 중지하고 만다는 것이다.

13년 전, 남편과 힘들었던 그때 포기하고 그만뒀다면 지금의 나는 무엇을 하고 있었을까. 이렇게 남편과 회사 일을 의논할 수 있을 만큼 성숙할 수 있었을까? 한 걸음만 더 앞으로 내딛기만 해도 성공으로 가는 길은 열린다.

꿈을 키워주는 방목형 육아

· · ·

초등학생 부모와 상담을 하다 보면 방치와 방목의 기준을 헷갈려 하는 경우가 많다. 공부 예습과 복습은 가장 기본이 되어야 하고 개념학습이 되지 않으면 높은 난이도의 학습으로 올라가기 힘들다. 초등학교 때 가장 중요한 부분은 공부 습관을 잡는 것이고 교과서를 중심으로 공부하는 힘을 길러주는 것이다. 초등교육은 멋진 집을 짓기 위한 주춧돌의 역할을 한다. 그러므로 기초가 탄탄하지 않으면 모래 위의 성처럼 어느 순간 무너지기 쉽다. 그래서 부모의 꾸준한 관심이 중요하다.

상담을 하다 보면 엄마가 직접 학습 매니저가 되어 아이들의 시간을 분단위로 쪼개 각종 학원, 과외 등의 스케줄을 관리하는 경우도 있고, 초등학교 때는 마음껏 놀라고 하고 아이가 공부가 하고 싶다고 하면 그때 시킬 거라는 방임형 부모도 있다. 여러 형태의 부모가 있지만, 정작 자녀들의 꿈이 무엇인지 모르는 부모가 많다.

동물박사님, 회장님, 일어나세요!

우리 집에 10번째로 입소한 동물가족은 카나리아다. 수놈은 색깔이 파래서 '파랑이'라 부르고 암놈은 색깔이 노래서 '노랑이'라 부른다. 단순하면서도 잘 어울리는 이름이다. 유난히 어릴 때부터 동물을 좋아했던 작은아이는 장수풍뎅이를 시작으로 햄스터, 사슴벌레, 거북이, 이구아나, 금붕어 등 아파트에서 기르기 힘든 집토끼까지 키웠다. 아이의 꿈은 동물박사가 되어 아프리카 오지를 탐험하면서 멸종되는 동물들을 지켜내는 정의의 탐험가가 되는 것이었다. 그래서 나는 작은아이를 깨울 때마다 "동물박사님, 파랑이는 벌써 일어나서 노래를 불러요!"라고 외치며 아이의 꿈을 북돋워주곤 했다.

큰아이는 회사 CEO가 되는 게 꿈이다. 그래서 세계를 무대로 무역을 해 우리나라를 더욱 발전시키고 하와이에 별장을 사서 엄마한테 선물할 거라고 한다. 그래서 큰아이를 깨울 때는 "회장님, 일어나시죠! 오늘은 미국 출장 가는 날입니다!"라고 외친다. 꿈은 물론 바뀐다. 그래도 아침마다 두 아이를 깨우면서 꿈을 다시 한 번 확인시켜주는 것은 오늘 하루도 꿈을 가지고 행동하라는 의미에서다. 그래서 큰아이와 약속을 했다. 큰 세상을 알기 위해서는 직접 큰 세상을 경험해보아야 한다고.

"대현아! 10년 후에 대학교 1학년 여름방학이 되면, 엄마랑 유럽으로 배낭여행을 가자. 세상이 얼마나 넓고 멋진지 알아야 꿈도 더 커질 수 있어. 엄마는 열심히 돈 벌어서 경비를 마련할 테니 너는 영어공부 열심히 해서 엄마 가이드해줘야 해!"

한석봉 어머니처럼 "엄마는 떡을 썰 테니 너는 공부를 하거라" 하는 심정으로 한 말이었다. 나도 앞으로 이 일을 10년 더 해야겠다는 목표가 생겼고, 아들도 유럽 배낭여행을 가기 위해서라도 대학은 꼭 가야겠구나 생각했다고 한다.

아이들을 방목하자

《마당을 나온 암탉》은 좁은 양계장에서 오로지 알을 낳기 위해 살아야 했던 '잎싹'이라는 암탉이 자신만의 알을 낳기 위해 탈출하는 이야기이다. 세상은 비록 족제비가 계속 공격을 하는 등 죽음의 고비가 곳곳에 서려 있는 무서운 곳이지만, 사랑하는 청둥오리의 알을 품고 엄마가 되는 과정에서 한층 성숙할 수 있었다. 그렇게 낳은 '초록이'가 자라자 철새 무리로 떠나보내고 본인은 결국 새끼 족제비를 위해 먹이가 되면서 마무리된다.

바람직한 부모는 아이들이 무서운 세상으로 나가지 않도록 좁은 칸막이에 넣어두고 지키는 것이 아니라 드넓은 초원에 마음껏 풀어주고 낭떠러지에서 떨어지지 않게만 울타리를 쳐준다. 물론 처음 아이를 가진 부모들은 아이가 너무나도 소중해 상처 하나 입히고 싶지 않아 한다. 나 역시 그 마음을 이해한다. 하지만 그럼에도 아이를 방목하여 키울 필요가 있다. 언제까지 부모가 울타리가 되어줄 수 없다는 걸 부모 스스로도 알기 때문이다.

융통성 있게
집안일을 포기하라

• • •

집에서 일을 하게 되면 직장을 다닐 때보다 아이들의 식사를 잘 챙겨줄 수 있고, 여유 있게 함께 식사시간을 즐길 수 있을 것 같지만 꼭 그렇지만은 않다. 회원들 수업을 챙겨주고 부모와 상담을 해야 하는 골든타임과 밥때가 겹치는 경우가 많기 때문이다. 그렇다고 한참 커야 하는 시기인 아이에게 늦은 저녁 9시에 밥을 먹일 수도 없었다.

아이들 밥을 제대로 챙기지 않을 때마다 남편과 가장 많이 싸웠었다. 회사 출근이나 모임 등으로 밖에서 저녁을 먹는다고 문자를 보내면 남편은 항상 한 문장으로 답장했다.

"애들 밥은?"

식사시간 정해놓기

재택근무자의 업무는 대개 오후 9시까지 이어진다. 7시에서 8시 사이에는 아이들이 저녁을 먹어야 하기 때문에, 식사를 차리러 업무 중간에 나오게 되는데 그럴 때마다 업무 흐름이 깨진다. 식사를 차리고 다시 들어와 업무를 시작하려 해도 다시 집중하기가 쉽지 않다.

특히 일정하게 수업시간이 정해져 있는 지도교사보다 상담교사는 집중력이 한번 떨어지면 다시 몰입하기까지 시간이 많이 필요하다. 따라서 집중을 잃지 않고 업무를 이어나가야 많은 회원을 만날 수 있다. 회원을 많이 만나야 가입으로 전환되는 확률도 높기 때문에 본인은 물론 자녀의 저녁을 제대로 챙기기 어려운 때가 많다.

나는 이를 해결하기 위해 일주일 식단을 미리 짜기로 했다. 다행인지 불행인지 남편은 항상 저녁을 먹고 늦게 귀가하는 편이라 아이들 위주로 식단을 짰다. 식단에 따라 주말에 밑반찬을 만들어두고, 요리에 필요한 재료를 미리 손질을 해두면 식사를 준비하는 시간이 많이 줄어든다. 만약 주말에 여행이나 약속 때문에 미리 식단을 준비하지 못했다면 오전 시간을 활용하면 된다.

빠르고 간단하게 영양가를 챙길 수 있는 음식으로는 일품요리가 최고다. 오므라이스, 김치볶음밥, 돈가스덮밥, 소고기볶음밥, 카레라이스, 오징어덮밥 등 밥에 간단히 얹어 먹을 수 있는 요리를 해두면 아이들도 쉽게 식사를 차려 먹을 수 있다. 여기에 함께 곁들일 수 있는 사골 국물을 미리 준비하여 파를 송송 썰어 올려주면 한 끼 식사로 손색이 없다.

식사시간은 아이들이 학원을 갔다 돌아오는 6시로 정했다. 준비하고 먹는 시간은 30분도 채 걸리지 않는다. 이 시간만큼은 눈을 마주치며 함께 밥을 먹고 이야기보따리를 풀어나간다. 그리고 저녁식사 이후 계획도 의논하면서 엄마의 퇴근까지 해야 할 일도 점검하게 된다. 그리고 9시에 다시 만나기로 하고 바로 각자의 활동영역으로 들어간다.

우리 일은 시간과의 싸움이다. 같은 시간을 어떻게 활용하느냐에 따라 그날의 목표와 활동이 나오기 때문이다. 식사시간을 확실히 정한 뒤 나의 업무시간을 조절하면 식사를 놓치거나 업무 도중에 나가야 하는 일도 없다.

인터넷 푸드사이트를 활용하자

한 달을 마무리하는 마감 주에는 간단한 요리도 준비하지 못할 만큼 몸도 마음도 여유가 없다. 그럴 때는 가정식 배달 사이트를 이용해보자. 다양한 반찬과 국을 입맛대로 고를 수도 있고 정해진 식단을 주문해도 된다. 일주일 분량씩 주문이 가능하기 때문에 마감 주가 되기 전 미리 주문하면 한 주는 식사 걱정 없이 보낼 수 있다.

음식이 반조리 상태로 포장되어 배달 오기 때문에 전자레인지를 이용하거나 냄비에 담아 가스 불로 데운 다음 다음 그릇에 담아 먹기만 하면 된다. 평소에 집에서 먹지 못했던 색다른 요리를 맛볼 수 있어 아이들도 좋아한다.

대청소는 가사도우미에게

집은 가족의 휴식처이자 행복충전소이다. 가족에게 가장 소중한 장소인 만큼 청소와 관리도 매우 중요하다. 그리고 모두에게 중요한 장소이기 때문에 한 사람에게만 희생을 강요해선 안 된다. 눈앞의 돈이나 주위의 시선이 걱정되어 모든 걸 혼자 감내하다 보면 마음속에 불만만 쌓이게 된다. 쌓인 불만은 곧 남편과 아이들을 향하게 된다.

그러므로 대청소처럼 체력이 많이 필요한 일을 할 때에는 가사도우미를 부르는 것이 좋다. 나는 집안일만 하는 사람이 아니라 경제활동도 함께하는 사람이다. 그러니 대청소까지 내가 도맡아 할 이유가 없다. 또한, 가사도우미를 부르는 것은 다른 누군가의 경제활동에 도움을 주는 것이다. 대청소를 하느라 몸살이 나서 다음 날 일에 지장을 주어 성과를 내지 못한다면 오히려 마이너스다. 힘든 대청소나 집안일은 전문가에게 맡기는 것이 현명하다.

가족이라는 울타리

재택근무를 하면 내가 일하는 모습을 남편과 아이들도 지켜보게 된다. 그만큼 하루하루 희로애락이 그대로 현장감 있게 전달된다. 엄마가 얼마나 힘들게 일하는지 옆에서 직접 보게 되니 아이들은 가끔 이런 말까지 했다.

"엄마, 나 영어학원 안 다녀도 되니깐 일 그만둬!"

엄마가 안쓰러워서 하는 말인지 본인이 영어학원을 다니기 싫어 그런 말을 하는 건지 속내는 알 수 없지만, 내가 지쳐 있을 때마다 슬며시 커피를 타서 내미는 아이들이 기특해 힘이 난다. 남편 역시 일하는 아내의 모습을 보면서 주말엔 아이들과 시간을 보내주려고 노력하고 집 안이 지저분해도 굳이 잔소리하지 않는다.

내가 재택근무를 시작하면서 우리 가족은 서로만 봐달라며 투덜대기보다 서로를 위해 배려하기 시작했다. 그리고 조금 더 행복한 가정을 만들기 위해 가족회의, 체크리스트, 축제 등 우리 가족만의 다양한 행사를 만들게 되었다. 일을 하지 않는 엄마로서 가정의 모든 일에 책임을 지고 감내해야 했다면 우리 가족만의 문화가 만들어질 수 있었을까.

재택근무를 하면서 가정을 제대로 꾸리는 것은 분명 힘든 일이다. 그러나 가정에 닥친 위기를 서로 충분히 이야기하면서 해결할 때 더 단단해지고 화목한 가족이 되는 계기가 된다. 그러니 처음부터 좌절하지 말고 우리 가족만의 노하우들을 만들어가도록 하자.

부록

부록1 – 온라인학습 분야 재택근무 모집요강

• **와이즈캠프닷컴** (www.wisecamp.com)

　초등 온라인학습사이트 중에서 가장 오래되었으며 재택근무 제도를 처음 도입한 회사이다. 홈페이지에서 온라인 지원을 할 수 있으며 면접 대상자는 전화로 개별 통보를 한다. 이후 1:1로 실무자와 면접을 진행한 뒤 합격하면 신입 대상 기초 업무 교육을 받고 지도교사 또는 상담교사 계약을 진행한다. 이후 신입교사 OJT와 육성 코칭을 받은 뒤 정식 근무를 시작한다.

　입사 다음 달부터 자녀의 회비를 20% 할인해주고 업무에 필요한 장비가 지원되며 상담 업무에 사용되는 전화요금 지원, 지도관리 회원(지도교사)과 무료체험 회원(상담교사)을 지원해준다.

모집부문	담당업무	자격요건
지사 상담교사	• 무료체험 회원의 유료회원 전환 상담 • 근무형태: 14~21시 근무 가능자, 지사 모집 지역 거주	• 고등학교 졸업 이상 학력 소유자 • 만 45세 이하 여성 • TM 업무 경험자 우대
지사 상담교사	• 무료체험 회원의 모집 활동 • 근무형태: 12~18시 근무 가능자, 지사 모집 지역 거주	• 고등학교 졸업 이상 학력 소유자 • 만 40세 이하 남성, 만 45세 이하 여성 • 타 교육업체 경력자 및 차량 소지자 우대

모집부문	담당업무	자격요건
본사 지도교사	• 전화 상담 및 화상 수업 강의 진행 • 근무형태: 14시~21시 근무 가능자, 서울 및 수도권 거주, 출퇴근 교육 이 수 가능자	• 대학 졸업 이상 • 만 30세 이상~만 45세 이하 여성 • 학습지, 학원강사 경험자 우대
본사 상담교사	• 무료체험 회원의 유료회원 전환 상담 • 근무형태: 14시~21시 근무 가능 자, 서울 및 수도권 거주, 출퇴근 교 육 이수 가능자	• 고등학교 졸업 이상 • 만 35세 이상~만 45세 이하 여성 기혼자 (자녀 5세 이상) • TM업무 경험자 우대

• **하이퍼센트** (www.hipercent.com)

'빨간펜'과 '구몬학습'을 기반으로 성장한 교원그룹의 계열사이다. 중등인터넷학습사이트로 경조금 및 경조 휴무 제공은 물론 회원관리에 사용되는 비용을 지원하며 교원의 협력사와 휴양시설을 할인된 가격으로 이용할 수 있다는 혜택이 있다.

모집부문	담당업무	자격요건
온라인학습매니저 (올공매니저)	• 1:1 맞춤 학습관리 시스템을 활용해 회원에 대한 정확한 학습진단자료 바탕으로 상담 • 주1회 회원과 전화상담 및 월 1회 학부모와 전화상담, 온라 인학습 코칭, 학습방향 제시 • 근무형태: 재택(15시~21시)	• 4년제 대학 졸업(예정)자 또 는 학위 소지자(전공불문) • 온라인 업무 가능자(컴퓨터/ 인터넷 활용 가능자) • 학습지, 학습매니저, 학원강 사, 교원자격증 소지자 등 관련 경험자 우대 • 서울, 경기 수도권 거주자

• **해법스터디** (www.hbstudy.co.kr)

　해법스터디는 국정·검정·인정 교과서를 발간하는 교육전문 기업 천재교육에서 제공하는 학습 프로그램이다. 와이즈캠프와 유사하게 자녀의 교재 할인 및 천재교육 이러닝 사이트 회비할인, 업무 시 필요한 장비 및 전화요금 지원을 해주며, 우수교사 해외여행 및 각종 포상 기회를 주는 등 여러가지 차별화된 혜택 및 지원 사항이 있다.

모집부문	담당업무	자격요건
상담교사	• 해법스터디를 처음 접하는 무료체험 학생과 학부모를 대상으로 해법스터디 소개 및 이용법을 안내 • 회원의 학습상태를 점검하고 해법스터디 체험기간 동안의 체계적인 학습 진단과 설계 • 근무형태: 재택 또는 출근(14시~21시) • 수수료: 동종업계 최고 대우	• 서울·경기 지역에 거주하는 만 45세 미만(남/여) • 컴퓨터/인터넷 사용 가능자 • TM경력 및 학습지, 학원 경력자 우대
관리교사	• 유료회원의 학습상태를 점검하고 교과 지도 화상수업, 전화 관리 등을 통해 회원별 학습을 설계 • 회원과 학부모에게 지속적인 목표와 비전을 제시하여 학습 성장을 이루도록 하는 맞춤 컨설턴트 • 근무형태: 재택(15시~21시) • 수수료: 동종업계 최고 대우	• 서울·경기 지역에 거주하는 만 43세 미만(남/여) • 컴퓨터·인터넷 사용 가능자 • 4년제 대졸 이상(전문대 졸업의 경우 학습지, 학원 경력자)

• **밀크티** (www.milkt.co.kr)

밀크티는 천재교육에서 만든 스마트 e러닝 시스템이다. 천재
교육에서 나온 해법스터디와 혜택 및 전형 절차는 동일하다.

모집부문	담당업무	자격요건
체험전담교사	• 근무형태: 재택 및 출근직 중 선택 • 재택(14시~21시), 출근직(13~21시) • 체험회원 대상 밀크T 학습 안내 및 상담 • 밀크T 체험기간 동안 체계적인 학습 진단과 설계 • TM 업무 경력자 우대	• 서울/경기 지역에 거주하는 25세~45세 이하 (여) • 컴퓨터/인터넷 사용 가능자
학습관리교사	• 근무형태: 재택근무(14시~21시) • 초등학생 유료회원 대상 학습관리 및 회원유지 • 주1회 학부모 및 학생 상담(전화 상담 및 화상수업 격주 관리) • 회원별 개인 맞춤 학습설계	• 4년제 대졸 이상(전문대 졸업의 경우 학습지, 학원, 공부방 경력자) • 관련 직종 경력자 및 학부모 우대

• **아이스크림 홈런** (www.home-learn.co.kr)

자기주도적 학습능력을 지닌 국가 인재 양성, 인성과 창의성이 겸비된 글로벌 인재 육성을 추구하는 ㈜시공교육이 제공하는 초등 가정학습 프로그램이다. 아이스크림 홈런 홈페이지를 통해 온라인 지원이 가능하며, 지원서가 통과한 후에 1차 면접을 거친 뒤 합격하면 본사에서 7일간 입문 교육을 거친다. 그후 4주간 본사에서 진행되는 내근교육 및 업무를 마치면 재택근무로 전환이 된다.

모집부문	담당업무	자격요건
홈런 선생님	• 초등학생 학습 관리 및 코칭 • 학생 주1회 상담(전화 or 화상 격주 상담), 학부모 상담 • 개인별·수준별 맞춤 학습 계획 수립 • 근무형태: 재택	• 대졸 이상의 학력 • 인터넷 및 컴퓨터 사용 가능하신 분 • 현 초등 자녀 학부모 우대 • 학원, 공부방, 학습지 등 교육 경력 우대
체험 전담 선생님	• 체험 회원 대상 홈런 학습 안내 및 상담 • 체험 기간 동안 개인별 맞춤 학습 계획 및 관리 • 온라인 학습 관리 경력자 우대 • 근무형태: 재택	
상담 선생님	• 무료 체험(일반체험) 회원 대상 홈런 학습 안내 및 상담 • 다양한 경로의 유입 고객 대상 홈런 학습 안내 및 상담 • TM 업무 경력자 우대 • 근무형태: 재택	

• **엠베스트** (www.mbest.co.kr)

엠베스트는 고등인터넷강의사이트로 유명한 메가스터디와 같은 계열의 중등인터넷강의사이트이다. 온라인으로 접수를 하면 서류전형을 통과한 지원자를 대상으로 전화인터뷰를 진행하며 이후 실무자 면접을 통해 최종 합격이 정해진다. 신규교육을 거친 다음 재택근무로 전환된다.

모집부문	담당업무	자격요건
초, 중등 재택담임선생님	• 월4회 전화관리를 통한 1:1 학습관리 • 학습계획 수립, 출결 및 진도관리 • 학습동기 부여 자기주도학습을 위한 올바른 학습습관 형성 지도 • 근무형태: 재택(15시~21시)	• 자격요건: 4년제 대졸 이상(여) • 우대사항: 학습지, 학원강사, 교사자격증 소지자, 동종업계 경력, 종합반 회원 학부모 • 지역: 서울 및 수도권 거주자 중 교육 참석 가능자 • 기타: 컴퓨터 및 인터넷 활용 가능자

부록2 – 여성 취업 관련 참고 사이트

• 여성새로일하기센터 (http//saeil.mogef.go.kr, 1544-1199)

임신·출산·육아 등으로 경력이 단절된 여성 등에게 취업 상담, 직업교육훈련, 인턴십 및 취업 후 사후관리 등 종합적인 취업서비스 지원

• 한국직업정보시스템 (http://www.work.go.kr/jobMain.do, 1577-7114)

한국고용정보원 개발, 직업정보, 직업선택, 진로상담 및 취업지원 제공

• 워크넷 (http://www.work.go.kr, 1350)

고용노동부와 한국고용정보원이 운영하는 신뢰할 수 있는 구인구직 정보를 제공하는 대한민국 취업정보사이트. 일자리 채용정보, 직업훈련, 실업대책, 고용보험 등 안내

• 월드잡 (http://www.worldjob.or.kr, 1577-9997)

한국산업인력공단 해외취업, 해외진출 사업안내, 채용정보, 연수정보, K-Move 정보 등 수록

• (사)한국여성인력개발센터연합 (http://www.vocation.or.kr, 02-318-5880)

전업주부, 중고령층 여성, 여성가장, 차상위계층 여성 등을 포함한 성인 여성 일반이 기초 직업훈련을 받을 수 있게 하여 심화된 일반 전문직업훈련으로 갈 수 있게 하는 취업지원기관

• HRD-Net (http://www.hrd.go.kr, 1577-7114)

근로자직무능력향상훈련, 기업체 지원훈련, 이러닝강의, 전국 훈련기관 안내

• 한국직업능력개발원 (http://www.krivet.re.kr, 044-415-5000)

인적자원 개발연구, 포럼, 교육훈련 고용동향, 직무분석, 직업훈련용어, 이러닝 제공

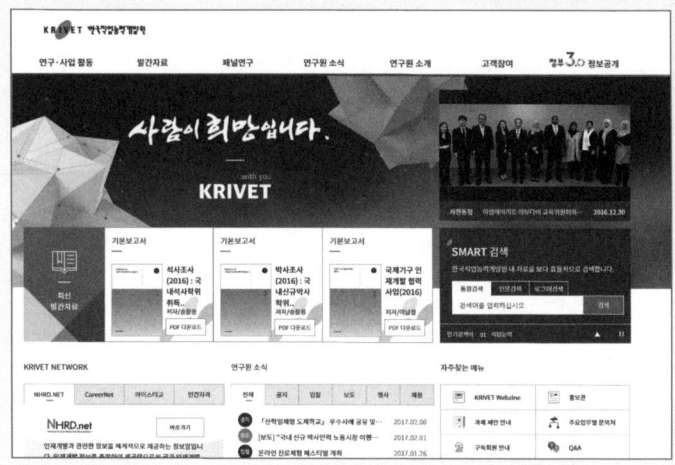

• 큐넷 (http://www.q-net.or.kr, 1644-8000)

한국산업인력공단 운영, 국가 자격시험 원서접수, 합격자 발표, 자격정보 및 시험일정 제공

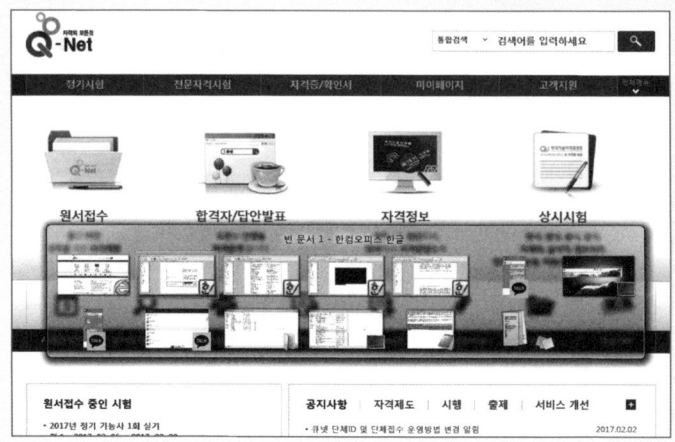

나는 집으로 출근하는 워킹맘이다

재택근무는 누구나 시작할 수 있지만 누구나 성공할 수 없다. 가정, 육아 모두 성공적으로 관리하고 경제력, 성취감까지 모두 얻기 위해서는 그만큼 노력이 뒤따라야 한다. 이 책은 재택근무를 시작하기 전에 어떤 마음가짐과 준비가 필요한지, 그리고 재택근무와 육아를 병행할 때 어떻게 시간을 관리해야 하는지 13년 동안 재택근무를 하며 얻은 노하우를 바탕으로 소개하고 있다. 또한 관리자라는 목표를 설정하고, 관리자로서 팀원을 이끌어가는 방법까지 제시한다.

이 책을 읽고 있는 재택근무자 혹은 재택근무를 준비하는 사람들이 내가 제시하는 방법 중에서 한 가지만이라도 자신의 것으로 만들어 활용하였으면 하는 바람이다. 꼭 나의 방법을 따라하라는 이야기가 아니다. 내가 제시하는 여러 가지 방법을 참고하여 나의 근육을 키우고 성장을 스스로 챙겨야 한다는 말이다. 주어진 일을 그대로 따르는 것만이 아니라 더 큰 목표와 더 큰 그림을 그리고 성장하려는 '1인 CEO'의 마음을 가져보자.

그 마음가짐이 바로 성공의 발판이 될 것이다.

초대 미국의 대통령인 조지 워싱턴의 아내는 이런 말을 했다.

"행복과 불행의 대부분은 주변의 환경이 아니라 자기자신에 달려 있다."

집에서 혼자서 일을 해야 하는 환경에서는 자기관리가 되어 있는 사람이라도 바람에 흔들리는 갈대처럼 이리저리 흔들릴 수 있다. 매일 반복되는 업무, 미래는 불투명하고, 인정도 못 받는 것 같은데 일의 양은 점점 늘어만 가는 것 같고……. 버겁고 힘들 것이다.

이때 자신만의 긍정요법을 만들어서 활용하려고 노력하는 마음자세가 가장 필요하다. 책에 제시된 박수 치며 웃기, 자기 자신에게 선물하기, 사고를 확장하는 책 읽기 등을 실천하거나 나만의 꿈 리스트를 만들어 매일 아침 읽는다면 부정적 관점을 긍정모드로 바꾸는 데 도움이 될 것이다. 니체는 말한다.

"인생의 목적은 끊임없는 전진에 있다. 앞에는 언덕이 있고 시내가 있고 진흙이 있다. 걷기 좋은 평탄한 길만은 아니다. 먼 곳으로 항해하는 배가 풍파를 만나지 않고 조용히만 갈 수는 없다. 풍파는 언제나 전진하는 자의 벗이다. 풍파 없는 항해는 얼마나 단조로운가. 고난이 심할수록 나의 가슴은 뛴다."

재택근무를 하기로 마음먹었다면 당신은 이미 훌륭한 엄마로서의 자질을 갖추고 있는 것이다. 일하는 엄마의 모습을 보고 자란 아이들은 그만큼 책임감이 강하고 부모님에 대해 감사해하는 마음도 더 크다. 전업주부 때처럼 밀착관리를 할 수는 없어도 집에서 함께 몸을 부대끼며 아이의 희로애락을 함께할 수 있기에 아이들의 인성에 도움이 된다.

나는 정기적으로 어려운 아이들을 후원하고 있다. 나는 이웃사랑을 실천함으로써 내 일을 더욱 보람 있게 만든다. 오늘 첫 가입 수수료를 전쟁으로 굶주리고 있는 케냐의 어린이들을 위한 후원금 모집에 내보자. 후원금을 이체하고 나서 마음 깊은 곳에서 살아나는 따뜻한 기운이 일의 원동력이 될 것이다.

재택근무를 통해 소중한 가족과의 시간을 많이 가질 수 있었다. 그리고 경력단절여성으로 남아 있지 않고 새로운 분야에 도전해 성과를 낼 수 있었다. 그리고 이제 책까지 출간하게 되었다. 이 책을 쓴 이유는 나의 13년 재택근무 노하우가 새롭게 재택근무에 도전하려는 사람들에게 도움이 되었으면 하는 바람 때문이다. 내가 누군가에게 도움을 줄 수 있는 사람이 되었다는 것은 내가 그동안 잘 살아왔다는 증거이므로 뿌듯하다.

누구나 재택근무를 통해 성공할 수 있다. 육아와 집안일에 지쳐 당신의 커리어와 경제력을 쉽게 포기하지 말자. 재택근무로 가정과 경제력, 커리어까지 모두 잡아보자. 당신도 시작할 수 있다!

오늘도 가족과 함께 내일을 꿈꾸며

저자 유영숙

거침없는
실행력으로
가슴 속의 꿈을
다시 찾기!

미친 실행력

박성진 지음 | 13,800원

**지방대 출신, 공모전 기록 전무,
토익점수 0점의 저질 스펙 소유자!
미친 실행 하나로 국내 최고 유통 기업의 TOP이 되다!**

"꿈과 열정을 가지세요! 생각하는 것만으로도 꿈을 이룰 수 있습니다." 자기계발서에 나오는 단골 멘트다. 저자는 이 말에 동의하지 않는다. 꿈과 열정을 가지고 생각하고 다짐만 한다면 절대 원하는 결과물을 얻을 수 없다. 아무리 뜨거운 열정과 큰 꿈을 가지고 있더라도 실행하지 않으면 아무짝에도 쓸모없는 것이 된다.

당신은 꿈꾸기 위해 태어났는가, 이루기 위해 태어났는가? 아무리 생생하게 꿈꿔도 소용없다. 그것을 실행시키는 사람만이 승자가 된다. 오늘 하지 못한 일은 평생 실행하지 못한다. 저자는 '언제 할까?' 고민하지 않고, '지금 당장' 움직이는 미친 실행력으로 인생을 180도 바꿨다. 인생을 바꾸고 싶다면, '지금 즉시, 될 때까지, 미친 듯이' 실행하라!

경력 단절을 딛고
다시 사회로
나갈 때 알아야
할 것들!

아내에게
다시 직장이 필요할 때

이정미 지음 | 13,800원

경단녀, 1년 만에 남편 연봉 따라잡기 프로젝트!

결혼한 여성을 흔히 '아줌마'라 부르며, 전문 분야에서 일하는 여성을 '커리어우먼'이라 한다. 그리고 육아와 가사노동 때문에 경력이 단절된 여성을 '경단녀'라 칭한다. 이들은 20대에 열심히 사회생활을 하다가 자의 반, 타의 반으로 다시 사회에 복귀하지 못하고 있다.

지금 처한 상황과 입장은 중요하지 않다. 대한민국 현실에서 아줌마로 경단녀로 고민만 하지 말고 남편에게 힘이 되어주고 아이들에게 자랑스러운 엄마로 행복한 나를 완성하고자 한다면 재취업은 선택이 아니고 필수다. 이 책을 통해 당신은 현실의 벽을 넘어 성공적으로 사회에 복귀하는 가장 효과적인 방법을 찾을 수 있을 것이다.

연봉 1억 버는 잘나가는 여자 되는 법!

여자, 인생의 판을 바꿔라

이은주 지음 | 13,800원

"여자들이여, 아직 가슴 뛰는 꿈을 포기하지 마라!"

마흔 살에 인생의 판을 바꾸겠다 결심하고, 새로운 인생을 살고 있는 이 책의 저자는 "엄마는 커서 뭐가 될 거야?"라는 어린 딸의 말 한마디가 자신의 인생을 바꾸었다고 고백한다. 그 말이 '딸에게 당당한, 꿈꾸는 엄마가 되고 싶다'는 의지를 지폈고, 그것을 발전시켜 지금 연봉 1억을 버는 잘나가는 여성으로 살고 있다.

이 책은 내 인생과 가정 사이에서 고민하는 이 시대 모든 여성들에게 말한다. "아직 가슴 뛰는 삶을 포기하지 말라"고. 당신이 빛날수록 가정도, 남편도, 아이도 빛날 거라고. 아이와 동화책을 읽다가도 문득 '내 인생'이 생각나 멍해지는 당신이라면, 딸의 롤모델이 되는 자신을 꿈꾸는 당신이라면, 나이 들수록 매력적인 여자로 다시 태어나고 싶은 당신이라면, '인생의 판'을 바꿀 준비를 시작하라! 바로 오늘이 당신의 인생을 바꾸는 시작점이 될 것이다.

나를 찾고 가족을 보듬는 아내 CEO로 거듭나기!

아내 CEO 가정을 경영하라

최미영 지음 | 12,800원

무일푼 남편을 50억 자산가로 만든 대한민국 1호 아내 CEO, 가정의 운명을 바꾸는 아내 리더십을 말하다!

불행한 어린 시절, 가난한 20대와 신혼 생활을 건너 50억 자산가 남편을 만든 저자 최미영은 한 사람이라도 공감하고 변화하는 데 동기부여만 될 수 있다면 하는 마음으로 이 책을 썼다. 저자 역시 지금은 '가정을 경영하는 아내 CEO'라는 타이틀을 찾았지만 그동안 자신의 역할이 무엇인지, 단지 남편과 아이들의 뒤치다꺼리나 하며 그 그늘에 평생 가려 자신의 목소리를 내지 못하는 것은 아닌지 고민하며 살았다. 그러나 세상에 없는 모델을 찾아가며 힘겹게 자신의 길을 개척했다.

이 세상에서 경영, 회계, 실무, 교육까지 모두 담당하는 유일한 사람이 한 가정의 아내다. 그런 아내가 변화하면 가정의 운명이 바뀐다. 이 책은 세상 모든 아내들이 가정을 매니지먼트하는 아내 CEO가 되어서 당당한 목소리를 찾을 수 있도록 돕는다.